MELLAN CANCER OCH CORONA

Anita Börlin

MELLAN CANCER OCH CORONA

INNEHÅLL

Kapitel 1

Instängd utan hår

Juli 2018

Var så god! Den är din! Så sa min gynekolog i måndags och räckte mig min journal. Hon hade beställt den då hon tyckte att jag inte kunde berätta så mycket om min cancer och min operation. Det var hon som för drygt ett år sedan upptäckte knölen på ena äggstocken och remitterade mig till Karolinska. Hon berättade nu mycket som jag inte fått veta på sjukhuset. Jag åkte hem och försökte läsa den tjocka journalen på över 20 sidor men begrep inte så mycket. Det var i alla fall något av en upplevelse att läsa om sig själv utifrån, på detta byråkratiska läkarspråk. Eftersom jag lever ensam och inte har någon riktigt nära mig, får jag aldrig någon bild av mig själv utifrån. Inte ens en ytlig bild av utseende och beteende. Och absolut ingen bild av vem jag är därutöver. Här har i alla fall tecknats en bild av mig på över 20 sidor! Jag var någon, inte en hel människa förstås men en kropp under behandling i alla fall!

Vad säger min dagbok om samma tid? Inte så mycket mera, då jag under denna tid inte ens orkade skriva varje dag. Dagboken skildrar dock cellgiftsbehandlingens helvete ganska ingående men där har jag ingen journal att jämföra med.

Journalblad 2017-08-02:

77-årig patient som gick på rutinkontroll till sin gynekolog då man upptäckte en ca 10 cm malignitetsmisstänkt ovarialtumör. Patienten är ensamstående, skild, har en vuxen son som bor i Norrland. Har tidigare jobbat som lärare, rektor och chef på skolverket. Nu pensionerad men har en del honorarjobb kvar. Tidigare feströkare. Ingen känd ärftlighet för gynekologisk cancer.

Känner inga besvär i underlivet, normal avföring. Ingen viktförändring. Normal aptit. Pigg som vanligt, mycket fysisk aktiv.

Preliminär bedömning: Stark misstanke om ovarialcancer med lymfogen spridning. Informeras om planering d v s primär kirurgi med mål på kirurgisk radikalitet vilket också kan innebära tarmresektion.

Min dagbok 2017-08-02:

Bussen 8.04 och sedan två bussar till före Karolinska. Tog en fika och kl 10 träffade jag läkare Diana och sköterska Agneta. Operation den 23 augusti och får säkert ligga kvar 5-6 dagar och sedan rehabilitering då jag bor ensam och får svårt att klara mig själv. Det är en stor operation och jag ska skäras upp från mellangärdet och neråt. Det kan ha spridit sig men det vet man inte förrän man öppnat mig. Då blir det ytterligare operation och sedan cellgifter. Hem med flera bussar. Hur ska jag hantera detta? Planera som vanligt för tidning, blommor och nycklar då jag reser bort? Hur länge blir jag borta?

Journalblad 2017-08-23- 2017-08-24

Operationsåtgärd: Omfattande exstirpation av peritoneum. Malign tumör i äggstock och sekundär tumör i lymfkörtlar i bäckenet. Patienten erhåller EDA, sövd, time out. Sammanfattning: Således misstänkt stadium av spridd ovarialcancer. Operationstid: 163 minuter.

Under gårdagen stabilt på avd. I dag kraftigt illamående. Kräkts. Magen ej igång men gasavgång. Pat. ter sig ej anemis. Har fin färg i ansiktet

Min dagbok 2017-08-23- 2017-08-24

Rullades ner till operation. Bra människor omkring mig. Sövdes snart. Vaknade upp på eftermiddagen. Fick tabletter och många människor omkring mig. Rullades upp på avdelningen. Kommer inte ihåg så mycket men kräktes och försökte röra mig i korridoren Hopplöst ibland men bättre då och då. Ingen ordning på magen. Såg på TV, orkade inget annat. Ont då man tog bort epiduralbedövningen, tabletter i stället. Hade dropp och fick gå med ställningen i korridoren. Äventyr att gå på toaletten då kateterna togs bort!

***Journalblad 2018-02-09**
77-årig kvinna med depression, i övrigt tidigare frisk. HGS ovarialcancer stadium IIIB, opererad till mikroskopisk tumörfrihet 17-08-23. Cytostatikabehandling 6 kurer avslutat 18-01-04. Man rekommenderar vidare utredning.

Min dagbok 2018-02-09

Upp halv sju. Orolig, Illamående. Duschade. Taxi 10.10. Fikade och fick komma in till läkaren som talade om att cancern försvunnit av behandlingen men att jag ska röntgas en gång till då man sett en vidgning av pancreas. Kommer också att bli kallad till akupunktur för mina svettningar. Taxi hem vid halv tolv. Är jag glad nu? Nej, inte riktigt.

Fundering

När jag studerar dessa bilder av mig själv börjar jag fundera över vem jag är. Vad är min identitet? Ordet kommer av latinets identitas som betyder samma, densamma. Det handlar om min självbild men också om hur jag ses på utifrån. Är det densamma? På sjukhuset är min identitet en 77-årig kvinnokropp med cancer. Min gynekolog sade en gång att hon efter alla år, mera förknippar mig med mitt underliv som hon studerat noga än med mitt ansikte. För henne är mitt underliv min identitet!

Hur ser min egen självbild ut? Mitt namn är en del av min identitet men detta har ju ändrats med tiden då jag bytte efternamn när jag gifte mig och behöll det även efter skilsmässan. Alltså inte samma identitet som ung och gammal? Trassligt detta med identitet! Och nu talar man ju också om identitetspolitik, vad är det?

Så här skriver Bruno K.Öijer:

vem var jag

ett namn kanske

en väg

ett regn i regnet

ett luftslott

där livet flyttat in

och gråtit ut

som ett barn träffat

av en ond dröm

(Ett Regn I Regnet i diktsamlingen OCH NATTEN VISKADE ANNABEL LEE)

Hetta

När jag vaknar vid halv sex, ser jag genom dörrspringan att solen skiner som vanligt denna heta sommar. För mitt själstillstånd måste jag ändå gå ut och skyndar mig upp, dricker en kopp te och är ute på trappan redan kvar över sex. Redan varmt och svettigt, har prytt mitt gleshåriga vita huvud med en keps och solglasögon. Jag har slutat använda peruken då det är alldeles för varmt och går också barhuvad ibland även om det ännu inte finns många strån på mitt huvud. Möter inte en enda joggare denna morgon men nere vid stationen pågår arbetet med ombyggnaden och män i skyddsvästar har redan börjar jobba. Det måste vara kärvt i denna värme. Lyssnar på radio och tänker på alla dem som försöker släcka skogsbränderna runt om i Sverige.

Läser i DN om den extrema sommarhettan världen över och om att detta har samband med klimatförändringen enligt forskningen. Vi har 34 grader men i Algeriet har de 51! På nästa uppslag i DN lyder rubriken: Stora vinster just nu – men varningar för sämre tider. SEB: s rörelseresultat är 10,7 miljarder, Investors vinst före skatt 13,813 miljarder och Sandviks 4,777 miljarder. Obegripliga siffror för mig. Och jag funderar på om det finns någon koppling mellan dessa stora pengar och världens tillstånd? Kan det vara så att vi människor genom vår fixering vid materiella framgångar, har glömt att ta hand om vår jord?

Eftersom jag undviker att gå utomhus efter morgonpromenaden, fortsätter jag att läsa Platon och lyssna på Sokrates och hans samtal med atenarna. Det verkar vara varmt i Aten också på 400-talet f .v. t, eftersom det nämns vid ett tillfälle att man tog ut sängarna för att kunna sova då värmen inomhus var svår. Vore kanske något för mig?

Nu ägnar jag mig åt Gästabudet, där deltagarna håller anföranden om Kärleken. Afrodite, den kärlek som här kopplas till sex är inte en utan två, den folkliga Afrodite som är den kärlek "som obetydliga män upplever". Sådana män älskar kvinnor lika mycket som pojkar, deras kroppar ej deras själar och "de älskar så dumma människor som möjligt." Den himmelska Afrodites kärlek däremot har inte någon del i det kvinnliga, utan bara i det manliga – den är Kärlek till pojkar. De älskar det manliga könet för att det är "starkast av naturen och mest intelligent." Visserligen finns det män som älskar med kvinnor men då endast för att avla barn och på så sätt tro sig bli odödliga.

Den äkta riktiga kärleken i antikens Aten och Sparta var vuxna mäns kärlek till unga pojkar, pederasti som betyder gossekärlek. Det var ett sätt att uppfostra de unga. En mentor och en lärjunge. De vuxna männen bjöd på kunskap medan pojkarna bjöd sin kropp.

Den vackraste Kärleken då var den homosexuella. Jag undrar om alla dessa länder och människor som fördömer homosexualitet i dag, vet att i vår kulturs vagga var denna kärlek den finaste? Sedan kan man förstås undra över vad de unga pojkarna tyckte om männens kärlek även om det står att den skulle vara hänsynsfull och skön och att många av dessa par blev vänner för livet.

Den nya kvinnan

Klockan är kvart över sex och jag går ut genom porten. Det har regnat i natt men värmen är kvar. Går genom skogen och betraktar de gula och bruna björkarna som börjat tappa sin löv. De kommer att bli kala långt före hösten. Sitter en lång stund på bänken i skuggan och förundras över den stora fågelflocken med hundratals individer som svävar i harmoniskt ordning upp och ner över ängarna. De verkar aldrig krocka med varandra. Kan inte se vilka fåglar det är. Kajor kanske?

Mina planer om en utflykt känns inte aktuell i hettan. Jag får ägna mig åt inomhusaktiviteter. Tar fram strykbrädan och tar itu med tvätten från i går. Tänker under tiden på dagens artikel i DN om Alexandra Kollontay (1872-1952). Den handlar om hennes roman Vasilisa Malygina och om Kollontays syn på kärleken och kvinnan. Hon talar om en revolutionär, röd kärlek bortom privategendomen som inte bygger på ägande och underordning.

När jag klarat av stryktvätten, letar jag fram min uppsats om Kollontay och blir nästan imponerad då jag hittar den och läser, 25 sidor med 3 sidor litteratur och noter, från kursen i Idé - och lärdomshistoria vid Umeå universitet 1979. I bokhyllan har jag fem böcker om och av henne, bl a romanen som nämns i DN. Jag bläddrar och läser, understrykningarna är många. Jag förvånas över Kollontays optimism om att kvinnans frigörelse är nära, då privategendomen avskaffas i Sovjet och den förtryckta kvinnan ska friges. Kollontay blev folkkommissarie i Lenins regering men avgick redan 1918 p g a misshälligheter. 1930-1945 var hon ambassadör i Sverige.

Kollontays idéer om kärlek är brännande aktuella i dag då grundläggande ekonomiska frågor som hon diskuterar, kvarstår. Många västländer har en reaktionär familjepolitik långt ifrån de reformer som Kollontay införde med bl a gratis daghem, mödravårdscentraler, rätt till skilsmässa och abort. I vårt land har vi kommit längre men lika lön för lika arbete är inte genomfört och vi har just haft metoo-rörelsen som visat på många ojämlikheter mellan könen.

Kommunismen hjälpte inte kvinnorna i Sovjet och nuvarande regim i Ryssland har inte hunnit så mycket längre. I stora delar av världen är det långt från den nya kvinnan som Kollontay skriver om: " Det är inte den rena jungfrun, den underdåniga hustrun, den gamla mön eller den prostituerade, utan det är den självständiga kvinnan som inte är underordnad någon." Hennes valspråk är: "Jag är jag – och vad jag är, blev jag av egen kraft."

Varför har vi inte hunnit längre? Jag kopplar till en annan skrift som jag just läser, nämligen Platons Staten, där Sokrates föreslår att kvinnorna i den nya staten ska ägas av männen gemensamt och att deras barn ska uppfostras av staten. Visserligen säger han att det kan vara svårt att genomföra men detta är för allas bästa. Det finns kvinnor som kan vara med och styra men de är inte så många och de är ändå svagare än männen. Det är inte så konstigt att vi fortfarande har ojämlika könsroller då vår västerländska kultur bottnar i antiken till stor del.

När jag plockar fram böckerna om och av Kollontay i min bokhylla konstaterar jag där att jag läst en stor del av den litteratur som handlar om kvinnofrågan alltifrån Mary Wollstonecraft till Barbro Backberger, Susan Faludi, Germaine Greer och Shere Hite, en hel hyllmeter. Och många med mig har läst. Har detta hjälpt? Två riktiga alfahannar styr världen i dag och när man ser dem offentligt står tätt med män bakom dem och kanske någon enstaka kvinna.

Det skrivs även i dag många böcker i kvinnofrågan men jag läser inte dessa. Jag funderar en del på hur jag haft det ett långt liv med min kvinnoroll. Jo, jag blev "jag av egen kraft" men nog fann jag mig ibland styrd av män, även om jag inte alltid var medveten om det i stunden. Om jag varit man med samma bakgrund och förmåga som jag har, hur hade då mitt liv gestaltat sig?

En resa genom träsk och förvirring med små glimtar av luft

"Upp med hakan, ja ni är svaga och livet är svårt, ja ni är förlorare, syndare och nollor, föraktade, försummade och missförstådda. Ni skryter och ljuger och fuskar och fantiserar historier i huvudet som förvränger all verklighet. Det är som en resa genom träsk och förvirring med små glimtar av luft. Men ah, dessa glimtar dessa underbara rena obefläckade andetag som inte dömer, som bara har kärlek att ge de usla, syndande, klandersjuka andra, som skänker all kärlek till ert bedrövliga, smutsiga jag, det jag som inte vågade gå in i huset, inte vågade sitta i stolen, inte vågade smaka gröten, den bittra gröten, den alldeles för heta gröten, den söta goda gröten. Ja, ni är förlorade, ja ni drunknar i bortförklaringar och ursäkter, era fötter sjunker djupt ned i leran och ni kämpar och slåss. Ni släpar in era leriga skor i rummet och ja, ni är välkomna, det har ni alltid varit, detta är ert hem, ert tempel, allt detta är till er. Detta är en hyllning."

Så står det vid ingången till Natalie Djurbergs och Hans Bergs utställning på Moderna museet. Jag åkte in till stan i onsdags bara för att se den, och förstod när jag läste dessa rader att den skulle tala till mig just nu. Mina fötter sitter djupt fast i leran och jag vet inte hur jag ska ta mig upp. Utställningen är en grotesk föreställning om livet. Det mesta är fult och skrämmande. Ett helt rum är fyllt av stora fågelskulpturer med vidriga uttryck skapade av tyg, tråd, lera och nästan provisoriskt sammansatta. Vem av dem är jag? Till sist hittade jag en liten liten fågel långt under de stora vidundren, grönfärgad och hukande med näbben i golvet. Med denna figur kände jag mig besläktad. Stod en stund där. Jag har alltid tilltalats av surrealismen och en av min favoritkonstnärer är Magritte. Flera reproduktioner av honom finns på mina väggar. Moderna museet är surrealismens högborg just nu och mitt i denna finns jag en stund och "detta är mitt hem när jag släpar in mina leriga skor."

Utställningen ger mörka tankar och bekräftar min världsbild just nu. Ändå vill jag inte ta till mig den mörka bild av vårt land som en partiledare framförde i sitt tal i Almedalen häromdagen. Och nu sitter jag och motsäger honom på alla punkter. Det är mina föräldrars generation som byggt detta land, som fortfarande är ett av de bästa i världen och han får inte smutsa ner hela mitt liv i detta land, bara för att han inte kan tåla människor med annan hudfärg och annan kultur. Hans Sverige är inte mitt Sverige.

Jag märker att jag motsäger mig själv, å ena sidan är världen mörk, å andra sidan är Sverige bra. Något kan förklaras av att jag själv just nu har besök av ett stort antal svartalfer som härjar där inne och som jag har svårt att bli av med. Och visst är mycket i världen mörkt, klimathotet, terrorismen, fattigdomen, ojämlikheten och högernationalismen som breder ut sig, men det gäller att se det ljus som ändå finns och de goda människor som ändå är i majoritet. Och Djurberg och Berg hittar små glimtar av kärlek. Själv sitter jag på balkongen och lyssnar på koltrasten som sjunger länge och mycket vackert.

Skönhet

Jag går ut kvart över sex innan det blir för hett. Solen värmer redan och jag håller mig i skuggan så gott jag kan. Några av hästarna ligger alldeles utslagna på åkern och den lilla svarta lurviga hästen går ensam som vanligt, inte med flocken. Jag känner mig alltid litet befryndad med svarten, som vill vara för sig själv. Är det för att han inte lever upp till de andras skönhet? Korna står i kö vid vattenbaljan och jag undrar hur hierarkin ser ut. Ingen tränger sig före och allt går lugnt till.

Jag sitter en lång stund i skuggan på bänken och ser hur korparna sitter på hästarnas vattenbalja och dricker. Jag har konstaterat att de nu är fem stycken. Paret har fått tre ungar som föräldrarna tränar i flygkonsten. Jag ser att något rör sig bland de vissna kardborrarna vid stigen och får syn på två färggranna fåglar som jag känner igen som steglitser. De är förunderliga skönheter med alla sina färger, rött huvud med svart runt näbben och svarta vingar med klargula teckningar. Hona och hane lika fina. Hur kommer det sig att vissa varelser är så vackra och andra som t ex gråsparvarna som finns i mängder vid gården är så oansenligt tecknade i grått och svart. Honan nästan helt gråbrun medan hanen fått en svart haklapp. Så är det med oss människor också, vissa har fått skönhet i övermått medan andra är grå och osedda. Varför är det så?

På hemvägen tänker jag på den skönhet jag läst om i Platons Gästabudet. Dialogen handlar om Kärleken som flera av deltagarna talar om. De ger olika bilder men sist är det Sokrates som med hjälp av en mystisk kvinna Diotima, beskriver kärleken som innebär att "alstra och föda i det sköna" då födandet är evigt och odödligt liksom det goda och det sanna. Kärleken handlar inte om sköna kroppar utan om sköna själar. Kroppslig skönhet har mycket liten betydelse för den eviga skönheten. I kärleken måste människan till sist nå upp till det sköna självt, det skönas idé, enligt Platon.

När jag läser detta kommer jag att tänka på Tegnér förstås och dikten Det eviga som jag en gång tvingades lära mig utantill. Det sanna, det rätta och det sköna är evigt och "dö ej ut bland människors ätt", står det i dikten, som jag nu måste slå upp för att komma i håg!

Vad är skönt? Inte detsamma som vackert, menar jag. Människor kan vara vackra men för den skull inte sköna? En psykopat kan vara mycket vacker och trevlig på ytan men därinne finns inget av skönhet, inget av det goda och det sanna, för att använda Platons ord. Sokrates sägs ha varit mycket ful men han är den främste talesmannen för det sanna, goda och sköna.

Var hittar jag skönheten? Bland människor? Inte så ofta. I naturen? Ja, där finns skönheten och sannheten men inte godheten eftersom naturen lever enligt evolutionen som inte har med godhet att göra. Jag skulle vilja hitta ett annat ord än skönhet, som i dag mest handlar om kommers, sköna skor, sköna möbler, sköna kläder osv. Finns det något ord som handlar om det sköna som hänger ihop med det sanna och det goda?

I fängelse med Platon

Nu har jag suttit fängslad, instängd och avskuren från mitt vanliga liv i drygt en månad. Jag har gjort en längre utflykt men den lockade inte till flera, värmen fanns där också och tågen hade dålig ventilation. Några kortare förflyttningar utanför väggarna på grund av att mat måste inhandlas, har också skett och så den tidiga promenaden varje morgon klockan sex till halv åtta. Flera planer på resor har skrinlagts och kontakter med vänner och anhöriga har företrädesvis skett per telefon, mail eller sms. Allt detta orsakat av hettan.

Jag har aldrig klarat av hög värme och stark sol, blir bara bränd och svettig, aldrig brun och vacker som min väninna. Tillbringade dock många semestrar vid Medelhavet i yngre år men satt under parasoll eller i värsta fall i hotellets luftkonditionering. Det hörde liksom till då men inget jag längre sysslar med. Nu har detta trängt in i mitt hem. Över trettio grader varmt ute och också varmt inomhus även om alla fönster är öppna och mitt värmeelement används som fläkt. Efterverkningar av min cancersjukdom innebär också att svettningarna blir värre än vanligt och överfaller mig minst tjugo gånger om dagen och även under natten. Det är en udda upplevelse att sitta bland människor någonstans och plötsligt känna att hela kroppen överfalls av svett. Då gäller det att sitta alldeles stilla och låtsas om ingenting, tills det ger sig.

Min mycket unga söta läkare på Radiumhemmet begrep nog inte vad det handlade om. Hon sade något om vallningar och skrev ut en tablett som inte hjälper. Enligt bipacksedeln ska den hjälpa mot depression och kan orsaka svettningar! När jag efter många försök fick tag på henne i telefon så förstod jag att hon inte visste något om tabletterna hon skrivit ut. Hon berättade att kolleger hade rått henne att ge mig denna tablett! Rådet jag fick var att hålla på i ett par månader i alla fall. Nu har jag ätit dem i tre månader och svettningarna blir nästan värre. Dags för second opinion!

Jag har alltid varit bra på att sysselsätta mig, har alltid haft olika projekt på gång, även efter pensionen. Redan före "hettans fängelsedom" hade jag bestämt mig för att läsa Platon. Jag har läst filosofi i flera år men han har aldrig ingått i kurserna, dock ofta citerats. Nu skulle jag verkligen ta itu med honom. I min bokhylla stod redan Bok 1 men där finns inte Staten som jag bestämt mig för att börja med. Den anses som en av de viktigaste dialogerna. Skickade efter den och läste 450 sidor, indelade i tio böcker. Den är spännande då Platon använder sig av Sokrates som är den suveräne dialektikern med sin sokratiska metod som också kallas majevtik (förlossningskonst).

Hela boken utspelar sig ett samtal hemma hos den rike Kefalos och hans son Polemarchos. Sokrates får frågor från deltagarna och ställer själv följdfrågor som så småningom leder fram till att han i de flesta fall får med sig de andra dit han själv vill. Det är ett långt samtal och när jag läst färdigt skrev jag kortfattat ner innehållet i varje bok för att få ett bättre grepp om vad Platon vill säga. Det handlar om allt från vad rättrådighet är över uppfostran av statens ledare, grottmysteriet som lägger grunden för Platons lära om idéernas värld, olika statsbildningar och till sist om domens dag, då de odödliga själarna samlas och färdas i olidlig hetta till Glömskans slätt där de dricker vatten och glömmer allt de dittills varit med om i livet. Om då de tre dygderna förnuft, mod och besinning varit ledstjärna i livet väntar belöningen efter döden.

Egentligen finns i Staten det mesta som vi i dag talar om när det gäller etik, religion, politik och om hur vi ska ska leva våra liv men inte alltid enligt vår värdeskala. Platon är minsann inte för demokrati och allas lika värde! Jag tänker mycket på vad jag kan hämta hos honom.

Därefter har jag fortsatt med Gästabudet som handlar om Kärleken och det skönas idé, Faidon om det eviga livet och nu läser jag Timaios, en lång dialog om världen uppkomst. Jag dricker mycket vatten och glömmer ibland hettan men inte mitt föregående liv som själarna på Glömskans slätt!

Någon skulle kanske säga att den gamla tanten nu blivit helt knäpp, där hon sitter instängd dagarna i ända och läser Platon! För mig är det riktigt spännande att kontrastera Platon mot dagens värld med alla nyheter om skogsbränder, andra katastrofer och valdebatten. Vill inte byta det mot dagar på stranden eller i hotellens luftkonditionering!

Kapitel 2

Umgänge med Platon

Augusti - september 2018

Har jag känt mig ensam under sistlidna månad då jag inte umgåtts med några människor? Jag har träffat min fotvårdare, tränat några gånger på gymmet och som vigselförrättare vigt ett ungt par i vigselrummet i kommunhuset. Jag har också sagt hej några gånger till mina grannar och hej och tack i affären där jag handlar. Annars har jag i hettan befunnit mig ensam i min lägenhet utom när jag tidiga mornar gått min tur till gården och sjön. Mina planer var att företa resor till mina vänner och min son i Dalarna och Västernorrland men hettan och bränderna uppmuntrade mig inte till stora rörelser.

Men jag har inte känt mig ensam, då jag haft livligt umgänge med en man som föddes 427 före vår tideräkning och dog 347 åttio år gammal. Trots att han bara varit närvarande i de böcker jag läst av honom, har han ändå talat till mig och svarat på mina frågor. Jag har hittills läst fem s k dialoger av honom: Staten, Gästabudet, Faidon, Timaios och Kritias och det är förstås Platon jag talar om. Detta låter verkligen pretentiöst och märkvärdigt, eller hur? Känns inte så för mig då jag länge planerat att ta itu med honom och nu fanns möjligheten. Under mina filosofistudier har han alltid funnits med som någon slags bakgrund till den västerländska filosofin men vi har aldrig studerat honom på allvar. Jag har länge frågat mig vem han var och vad han skrev som ännu ses så aktuellt. Jag vet inte om jag förstått hans storhet, då hans idéer om politik, etik, religion, kärlek och naturvetenskap till större delen ligger långt ifrån vår tid sätt att se. Detta är kanske inte konstigt då Platon levde för nästan 2500 år sedan i en ganska liten värld. Hans storhet kan ligga i att han som en av de första tog upp frågor som sedan diskuterats i alla tider.

Det som jag först fastnat för är hans sätt att skriva i dialogerna, då Sokrates med hjälp av sin majevtik argumenterar sig fram till en ståndpunkt. Det är ibland spännande att följa dialogerna då man vill veta hur det hela ska sluta. Tänk om vi tog oss tid i dag att verkligen gå till botten med stora frågor och vända och vrida på alla argument, innan vi fastslår den väg vi ska gå.

Jag tar också till mig hans etik om det goda, om rättrådighet, om att rikedomar och ägodelar inte ska få betyda något för de styrande i staten. Dagens korruption skulle ha förfärat honom. Han är t o m ”kommunistisk” då han förordar att det styrande skiktet inte ska äga något var och en, utan allt ska ägas kollektivt. Hans kvinnosyn är förstås förskräcklig och det kanske inte är så konstigt att vi fortfarande inte kommit längre då det gäller jämlikhet mellan könen.

Hans samhällsidé var ett elitsamhälle, där de visa filosoferna skulle styra och vanligt folk skulle arbeta. Kvinnor och slavar ägdes av männen. Barnalstrande var också en kollektiv fråga för att få fram de bästa barnen.

Jag har i mitt umgänge med Platon hela tiden argumenterat emot hans elitistiska idéer men någon gång också kunnat instämma med hans påståenden. Ibland har jag uttryckt att jag inte riktigt förstått vad han varit ute efter. Och jag har skrattat åt hans ironier. När jag läste den långa texten Timaios om universums, jordens och människans uppkomst beundrade jag hans noggrannhet och försök till bevis för sina påståenden, även om hans slutsatser är helt ovetenskapliga i dag. Jag ska fortsätta umgås med honom senare för nu har jag fått upp ett annat spår, som jag ska följa ett tag. Ett nytt umgänge!

Ordet ovidlådenhet fastnade hos mig. C J L Almqvist använde ordet och nu hittar jag det i en bok om Vilhelm Ekelund. Ordet vidlåda finns i SAOL och betyder sitta fast i något. Ovidlåda måste då betyda att inte sitta fast. Ovidlådenhetstänkande är att känna sig fri att tänka nytt, att skapa ett liv utanför dagens kommersialism och produktionssystem. Oberoende och frihet från ägodelar. Jag har hittat det hos en nu levande författare Ulf I Eriksson som skriver om andra författare, bland annat om Ekelund. Spännande att vissa likheter finns med Platon som beträdde nya vägar hela tiden och som tog avstånd från ägandet som något grundläggande. Jag känner att jag måste gå vidare på den vägen, känner ett behov av att göra mig fri från gamla synsätt och sätt att leva de år jag har kvar.

När jag lyssnar på valdebatten övertygas jag om att politikerna också sitter fast på något sätt i gamla hjulspår. Jag lyssnar på professor Johan Rockström som inte har gett oss så lång framtid på vårt klot, om vi inte ändrar vårt sätt att leva. Det krävs ett ovidlådenhetstänkande! Och vi måste lyssna på argument och skapa en äkta dialog i Sokrates anda.

Höst på jorden?

Jag sitter och ser ut genom mitt köksfönster. Ser något jag aldrig sett förut på alla decennier jag suttit här. Av de sex ståtliga björkar som syns från mitt fönster och som jag varje vår noga studerar för att få syn på de första musöronen, är tre alldeles bruna och nästan utan löv. De står tillsammans alldeles nära gatan och har antagligen inte så djupa rötter som de andra som står litet längre in och har därför inte kunnat ta upp något vatten i denna heta, torra sommar. Utanför min balkong ser jag att en av de ståtliga, starka, gamla tallarna har fått två torra, bruna grenar. Detta sker på sommaren, långt före den tid då hösten färgar träden bruna.

Jag har också känt av denna sommar, inte så att jag torkat i brist på vatten utan tvärtom svettats alldeles oerhört. Detta vätskeöverflöd på hela kroppen är en reminiscens av min cancer men blir så klart värre i 30 graders värme.

Det har talats om klimatångest under en längre tid men jag har inte känt av den så starkt, inte förrän denna sommar. Ett tecken på att jag nu tagit till mig forskarnas förutsägelser om ett förestående klimatkaos är att jag vid besök på second hand fick syn på en bok av Johan Tell om 100 sätt att rädda världen och köpte den för 15 kr.

Jag började rekognoscera i mina egna bokhyllor om jag möjligtvis hade något som kunde hjälpa mig att förstå vad som är på gång med vårt klot. Där fanns redan Johan Tells bok!! Och sju böcker till som jag en gång skaffat och läst om klimat och miljö! Alltifrån Den stora förnekelsen av Wijkman-Rockström till Det är vår bestämda uppfattning att om ingenting görs nu kommer det att vara för sent av Andreas Malm och Tim Jacksons Välfärd utan tillväxt och fyra till. De flesta köpte jag år 2011 och när jag bläddrar i dem ser jag på alla understrykningar att jag verkligen läst dem.

Minnet kommer tillbaka. Jag startade en miljöcirkel tillsammans med en väninna 2011. Mycket ambitiöst när jag kollar papper från den tiden. Alla dessa böcker som jag nu har i min bokhylla lästes och diskuterades.

Vi skrev insändare om gröna tak, gröna plank och lågenergilampor och fick in i lokaltidningen och vi skrev motioner i miljöfrågor.

Cirkeln finns fortfarande kvar efter sju år men kallas nu politikcirkel då vi nu talar politik i allmänhet. Det kan handla om aktuella frågor, som senast när vi ägnade större delen av mötet till att tala om dagens skogsbruk i samband med skogsbränderna. Förr var skogen en blandskog och brann inte så lätt som nu, då det bara är barrskog. Vi konstaterade att skogen i dag är en produktionsskog i form av plantager och virkesåkrar och inte biologiskt rika miljöer. Kan vi göra något åt detta? Skogen är ingen fråga i valrörelsen. Detta ska vi föra fram!

Jag är inte ensam om mitt nyvaknande intresse för vårt klimat och vår miljö. Hettan och bränderna har fått de politiska partierna att ta upp dessa frågor inför valet. Även forskarna tar nu chansen att föra fram sina kunskaper om hur det står till med klimatet. Professor Ulf Danielsson skrev den 15 augusti en artikel i DN där han frågade om vi förstår vad som väntar. Den heta sommaren 2018 är en förväntad konsekvens av klimatkollapsen kring Arktis, skriver han. Vi kan vänta oss andra och mer extrema väderhändelser framöver och det handlar inte om en avlägsen framtid enligt honom. I dag den 17 augusti skriver professor Sverker Sörlin om att Klimatförnekarnas vanvördnad saknar gräns. Han skriver om hur tillväxten blivit en doktrin i världen, en religion och att vi alltför länge skjutit upp det jobbiga, att tänka på vad som pågår på vårt klot, om "skredet mot en obeboelig värld."

Nu när den värsta hettan har avtagit och min hjärna kan fungera litet bättre ska jag åter sätta mig in i vad det är som pågår och fundera över om jag kan göra något i det lilla, för att inte hösten ska övergå i evig vinter utan någon vår i sikte. Kanske kan jag hitta något för mig att göra i Johan Tells bok, nu när jag t o m har två exemplar av den!

Pinus sylvestris och homo sapiens

Jag sitter i skogsgläntan på en sten och betraktar tallarna framför mig. För att se ända upp i topparna måste jag luta huvudet långt bakåt. Hur höga är de? 20-30 meter? De kan bli 40 meter har jag läst mig till och uppåt 1000 år gamla. Stammarna är som pelare i ett antikt tempel eller en mast på ett stort fartyg, alldeles raka, kvistfria och uppåtsträvande och högst däruppe den fint formade kronan. De står fast förankrade i marken och inga rötter syns till. Utanför min balkong har jag också fem tallar som varit mina stiliga utsiktspunkter i många år. Där finns just nu en ekorre som nästan varje morgon hoppar runt och till sist sätter sig på en gren och äter sin kottefrukost. Där finns skatorna som oftast sitter i par och har någon slags dialog med varandra om de inte slåss. Tyvärr har min bostadsrättsförening beslutat att att det ska bli parkeringsplats där och tallarna måste bort!

Tallen är Skandinaviens första stora barrträd och kom hit omkring 7500 f v t. Tallen är ett av de träd som Norden haft mest nytta av. Förutom själva virket har tallens innerbark använts i nödtider för att dryga ut det knappa mjölet. Av denna blandning bakades barkbröd. Barren innehåller rikligt med c-vitamin och te på tallbarr kunde förr hindra skörbjugg som beror på c-vitaminbrist.

Jag ser fram emot våren då jag ska studera tallens blommor. Honblomman är liten som en ärta och purpurröd. Hanblommorna däremot är gula och sitter i en avlång blomställning kring grenarna. Dessa sprider ståndarmjölet i riklig mängd, ett svavelgult pulver som täcker mark och vatten omkring trädet. Den röda lilla tallblomman blir en kotte med frö men det tar två och ett halvt år. Hanblommorna är häftiga och stora och syns men efter att de spridit sitt mjöl faller de.

Jag går fram till den största tallen och kramar om den och säger att jag beundrar dess skönhet, styrka och livsduglighet. Kanske kan tallen uppfatta min beundran? En neuroforskare Gage har med experiment visat att växter kan kommunicera med hjälp av elektricitet. Och en tysk skogvaktare Peter Wohlleben har skrivit en bok "Trädens hemliga liv" där han beskriver hur träden skyddar varandra och med hjälp av kemiska substanser varnar andra träd om det finns en hungrig varelse i närheten. De delar också näringsämnen med varandra via sina rotsystem. Starkare träd delar sockerarter med svagare träd.

Träden kommunicerar med varandra men inte med oss människor. Varför skulle de göra det? Vi förorsakar dem bara olycka. När jag funderar över det liv som en tall lever och jämför med ett människoliv, ser jag fördelar med att vara tall! Den står stadigt och tar tid på sig både när det gäller att föröka sig och växa upp. Den klarar av naturens nyckfullhet och lever länge. Den är en del av naturen och är inte en förstörare av vårt jordklot. När vi homo sapiens går under kommer pinus sylvestris att finnas kvar om vi inte utrotat den dessförinnan! Vårt nuvarande skogsbruk som endast handlar om avverkning och plantering, tar inte hänsyn till naturens överlevnad.

Jag har allt mer börjat intressera mig för den natur som inte handlar om homo sapiens, den natur som ännu finns kvar och som på skyddade platser får leva sitt eget liv. Ofta är dessa liv lika intressanta och spännande som människoliv. Ja, till och med mer fantastiska och fantasieggande.

Kropp och själ

Jag sitter i maskin nr ett i raden av tio och lyfter 25 gånger den tunga rullen med mina ben. När min kropp anstränger sig, tänker jag inga djupare tankar men en bild kommer upp i min hjärna, bilden av min mamma. Jag är lik min mamma på flera sätt, ansikte, hår och beteendet att alltid ha bråttom men inte kroppsligt. Hon var stark och senig med kraftiga armar och händer, stora fötter och muskulösa ben. Hon behövde aldrig träna på gym för att hålla sin kropp i trim. Varje dag var en träningsdag för henne. Upp klockan sex och ut i lagårn, mjölka korna och köra mjölkflaskorna med skottkärran ner till mjölkbordet. Efter frukost med gröt och smörgås, sätta potatis och gräva grönsaksland för plantering. På hösten ta hand om hö och säd, hässja höet och binda säden. Köra in hö och tröska säden. Ta upp potatis, skörda grönsakerna och köra dem till matkällaren. Ut i skogen, plocka bär, hem och sylta och safta. Utfordra korna, grisen, hönsen och kalven. Varje höst ta hand om den slaktade grisen, salta in och konservera. Och däremellan laga mat till familjen, baka bröd, städa och tvätta.

Min mamma använde sin kropp varje dag och fick en allsidig träning. Hon var aldrig sjuk, hade en stark kropp och ett starkt hjärta. Då hon dog vid 92 års ålder, hade hon i flera år varit dement och olycklig. Detta började då min far dog och hon inte längre hade någon uppgift, ingen familj, inga djur och ingen jord att bruka. Hon uttryckte ofta att hon ville dö men hennes starka hjärta och kropp höll emot.

Detta tänker jag på då jag går min vanliga träningsrunda bland maskinerna. Så olika liv vi haft min mamma och jag. För att hålla mig i trim, framför allt efter canceråret, måste jag ägna mig åt detta konstgjorda sätt att använda kroppen. Kroppsarbete är ovanligt nu för tiden och därför växer gymmen allt fortare.

Människor har tränat i flera tusen år för att bli starkare och orka mera. På stenåldern handlade det om att orka jaga och strida mot fiender. Organiserad träning började troligen i antika Grekland. Varje stad hade en träningsanläggning som kallades för gymnasion. Ordet kommer av gymnazo som betyder träna och gymnos som betyder naken. Alla fria män hade tillgång till gymnasion och där tränade man naken. Man arrangerade också stora idrottstävlingar. Den fysiska träningen var viktig men även den andliga. Filosofi, litteratur och musik studerades också på gymnasion och ett bibliotek fanns i närheten.

När kristendomen kom in i bilden på 400-talet i Rom, förbjöds de nakna aktiviteterna som ansågs oanständiga. Inte förrän under renässansen kom träningen tillbaka då följande ordspråk gällde: Mens sana in corpore sanu! (En sund själ i en sund kropp). Under århundraden har träning varit förunnad endast de högre samhällsklasserna. Vanligt folk hade nog med att slita för brödfödan.

I dag är träning och idrott en vetenskap och idrottsfysiologer försöker komma fram till vad som är bäst för både kropp och själ.

Jag har också upptäckt att träningen inte bara är bra för min kropp utan även för min "själ". Om jag inte mår så bra psykiskt och befinner mig nere i mitt svarta hål, när jag åker till träningen, har det lättat lite när jag åker hem. Jag har tränat mig upp en bit ur hålet. Filosofidiskussioner förekommer dock inte på mitt gym utan dessa får jag leta efter på annat håll. Det vore väl annars en fin tanke?

Kapitel 3

Självupptagenhet och underkastelse

Oktober - november 2018

37

Mitt inre mörker är bättre än ditt! (Sara Granér). Detta speglar vår tids grandiosa självupptagenhet!

Granater, sorg och tårar, så beskriver en 81-årig kvinna från Östra Ukraina sitt liv med skrovlig röst. I Syrien hittills en halv miljon döda, i Sydsudans fyraåriga krig sex miljoner döda och en miljon har flytt. Just nu tusentals döda i jordskalv och tsunami i Indonesien. Och fredspris i dag till läkare och aktivist som hjälpt tusentals kvinnor som våldtagits i krig!

Hur ska jag komma bort från min egen inskränkta värld? Jag har inget att oroa mig för jämfört med de flesta andra människor i världen. Visst ska jag snart dö men jag har ändå levt ett långt och nästan smärtfritt liv i alla önsklig välmåga.

Jag är i min självupptagenhet hela tiden sysselsatt med att försöka förstå, men inte bara mig själv utan livet utanför mig själv. Det är därför jag läser och skriver. Senast har jag läst boken Underkastelse av Michel Houellebecq, som jag köpte och läste redan för ett par år sedan men som jag nu tog fram igen och läste om, då jag bestämt mig för att se en föreställning utifrån boken på Stadsteatern. Som vanligt hade jag gjort understrykningar i texten. Bokens huvudperson Francois berättar i början om sina litteraturstudier och sin avhandling. Enligt honom är litteraturen en högre konstart hos ett västerland som går mot sitt slut inför våra ögon. Det är bara litteraturen som kan skänka kontakt med en annan mänsklig ande i dess helhet, som gör det möjligt att få kontakt med de dödas andar, en mer djupgående kontakt än man kan få ens när man samtalar med en vän, skriver han.

Så är det, tänker jag och får bekräftelse några dagar senare då jag läser om biblioterapi, som är en terapiform där läsning ligger i fokus. Redan Aristoteles såg litteraturen som ett läkemedel för själen och redan 1949 skrevs den första doktorsavhandlingen om biblioterapi av en amerikans forskare Caroline Shrodes. Hon såg läsning som en form av psykoterapi men också som en frigörelse, då läsaren känner igen sig i en text och får nya perspektiv på sitt liv. Idag används biblioterapi bland annat på sjukhus och i Wales kan man få böcker på recept.

Vilka nya perspektiv fick jag genom boken och teaterföreställningen, som i sig var en upplevelse. Skådespelaren Gerard Hoperstorfer gestaltade Francois under en timma och fyrtio minuter ensam på scenen, en prestation i sig. Året är 2022 och Muslimska brödraskapet vinner franska presidentvalet. Frankrike blir ett muslimskt land med sharialagar och alla kvinnor måste underkasta sig männen. Francois som inte alls är politiskt intresserad, anpassar sig och blir en lycklig muslim, då han nu får tre mycket unga hustrur som han kan göra som han vill med.

Ordet islam betyder underkastelse och i boken uttrycks att höjden av mänsklig lycka består i största möjliga underkastelse! Alla ska underkasta sig Guden och de religiösa reglerna. Då det gäller kvinnor ska de stå för reproduktion och för att tillfredsställa männens sexuella behov, inget annat. Houellebecq är långt ifrån en entydig författare och om denna roman handlar om den fege mannen, Västerlandets undergång, kritik av islam eller om det är satir eller politiskt ställningstagande, vet inte jag. Min behållning blir ordet underkastelse. Hur mycket, vad och när underkastar jag mig? Att jag dessutom tyvärr får vatten på min kvarn då det gäller manligheten, som jag skrev om i förra bloggen, gör mig sorgsen. Läste just att Houellebecq (född 1958) just ingått sitt tredje äktenskap med en ung kvinna.

Jag har utsatt mig för biblioterapi och vidgat mitt synfält en aning men vad jag ser är fortfarande dimmigt.

Vem bestämmer vad som är kultur?

Ännu en bekräftelse på att jag inte hör hemma i dagens värld när jag testar mig i veckans kulturquiz i DN. Jag klarar inte en enda! Lady Gaga, dataspel, Star Wars, rappare, Solsidan och superhjältefilmer är inte min kultur. Visst är jag en "kulturtant" men min kultur handlar om uttryck inom helt andra sfärer. Jag funderar på om jag ska erkänna min udda kultursmak? I och för sig är det nog ingen som bryr sig men det kan ändå vara spännande för mig själv att försöka spegla vem jag är som kulturkonsument.

På mitt nattduksbord ligger nu Platons dialoger bok 1, Kapitalet, överheten och alla andra av Göran Therborn, Intelligenta växter av Mancuso-Viola, Existentialisterna av Sarah Bakewell, Populistiska manifestet av Greider- Linderborg, Mannen utan egenskaper av Robert Musil, Tivoli av PC Jersild, samt Roadtrip av Brändström-Bestelid. Mina senaste teaterupplevelser är Underkastelse av Houellebecq på Stadsteatern och Höst och vinter av Norén på Dramaten. Senaste utställningar är Lars Tunbjörk på Fotografiska och Lars Lerin på Liljevalchs. Mina kulturupplevelser på TV är Babel på söndagarna och ibland Kulturveckan på tisdagar. Någon enstaka dokumentär som t ex den alldeles underbara filmen om Philip Roth. På radio finns det en hel del kultur, varje dag mellan kl 13 och 14, Filosofiska rummet på söndagar och Spanarna på fredagar.

Vad speglar denna genomgång av aktuell kultur? Vem är jag och vad får jag ut av detta? Är det kanske bara snobberi? Jag förstår om någon skulle tycka det. Nu är det så att när det gäller filosofi så är kurserna på Senioruniversitetet fulltecknade varje termin och just nu läser vi Platon. När Göran Therborn presenterade sin bok på ABF-huset var Z-salen nästan full och både Stadsteatern och Dramaten hade många besökare då jag var där. Vid mina besök på Fotografiska och Liljevalchs har det nästan varit alltför många besökare för att man i lugn och ro skulle kunna njuta av konsten.

Jag är alltså inte ensam om min kultursyn. Och många i dessa grupperingar är grå- och vithåriga. Detta speglas inte i media. Vi finns inte på riktigt vi som är 60+ och 70+. Jo, när det gäller hur sjuka och krävande vi är och hur mycket vi kostar, men många av oss är inte sjuka jämt, inte krävande jämt. Vi lever ett liv som alla andra generationer även om våra intressen inte alltid stämmer med varandra. I de tidningar som ska spegla oss som t ex pensionärsföreningarnas tidskrifter är det boule, bridge och feel-good böcker som gäller till 90%. Visst är det många som ägnar sig åt detta men inte alla.

Ordet kultur kommer från latinets cultura som betyder odling, bildning och kommer av colo som betyder odla. Man kan odla mycket, allt från havre och råg till orkidéer och äppelträd. Jag odlar på mitt sätt och du på ditt sätt och alla behövs vi om världen ska fortsätta vara mångfaldig. Min poäng blir att vi alla,vilken odling vi än sysslar med,ska respekteras och finnas i världen på samma villkor.

Upp och ner, fram och tillbaka

Upp och ner och upp, gång på gång. Jag befinner mig ombord på ett flygplan som inte kan landa p g a dimma och som cirklar runt, runt och försöker landa flera gånger men till sist ger upp och återvänder till Arlanda. Piloten meddelar att vi inte ska vara oroliga då bränslet kommer att räcka.

Jag är inte särskilt orolig men otålig och uttråkad. Under alla manövrer är ljuset oftast släckt i kabinen och det går inte att läsa. Jag har med mig P C Jersilds bok Tivoli som handlar om ett äldreboende på det konkursade Gröna Lund, inköpt av kinesiska investerare som satsar på kapitalstarka pensionärer. Här finns allt från hundraårsgaranti till chips i tumvecket till plastdockor som sällskap och speglar som förvandlar gamla ansikten till unga. Dödsångesten lindras med mediciner. En förnekande ålderdom.

När jag sitter där i mörkret i kabinen,börjar jag tänka på min egen ålder och på att döden närmar sig. Det har jag förstås konfronterats med under lång tid då min cancer tidvis var hotfull. Nu sluter jag ögonen och föreställer mig att planet störtar och att jag snabbt och smärtfritt slår ihjäl mig då planet krossas mot marken. Jag tänker mig att jag bara har en kort stund kvar i livet och börjar summera mitt liv. Jag ser hur mina föräldrar gjorde min barndom till en bra start i livet, trots att de själva hade svårigheter. Jag vandrar vidare med fina vänner, goda lärare och arbetskamrater. Min man var den stora kärleken och min son den största lyckan. Jag blir alldeles lugn och trygg med mina tankar. Jag har fått ett liv med både glädje och sorg och försonas med att det nu kan ta slut.

- Vi närmar oss Arlanda och landar om tio minuter, låter det från cockpit. Jag öppnar ögonen, tittar mig omkring och ser hur alla börjar förbereda sig på landning. Snart sitter jag på en bänk i terminal 4 och ringer min son, när jag lyckats få bort flygläget från telefonen. - Nu får ni komma till mig i stället, säger jag och skyndar ut till taxikön.

Nästa morgon hemma igen tar jag min vanliga promenad runt sjön. Morgonen är nästan outhärdligt vacker med sina strålande röd-gul-oranga färger i träden, sin sneda sol som gör min skugga flera meter lång och sin fuktiga starka grönska på åkrarna. En varm glädje stiger upp inom mig. Jag finns kvar ett tag till! Nu ska jag ta itu med Eros, kärleken, i Platons Gästabudet. Eros kommer av det grekiska ordet erotesis som betyder fråga. Är kärleken en fråga?

Pengar styr allt

Jag går förbi de med plast insvepta husen därnere på stranden. Hela den heta sommaren har hus efter hus genomgått denna inplastning. Därinne utan fönster har människor levt sina liv under veckor och månader. Husen började byggas för ca 10 år sedan och ansågs då vara riktigt lyxiga och lägenheterna kostade många miljoner att köpa. Jag och min son gick en promenad därnere på stranden och han petade med sitt finger på betongväggarna och såg genast att det var fuskbyggen. Nu kostar det miljoner att åtgärda bristerna.

I förra veckans DN skriver Niklas Ekdal om hur Trump står på mördarnas sida , d v s fortsätter hålla den saudiske prinsen om ryggen efter det bestialiska mordet på en journalist i Istanbul. Hur kan det komma sig att världens mäktigaste och friaste nation kan styras så utan vishet, frågar han. Och det simpla svaret blir: Money talks. Sveriges regering ägnar sig också åt vapenhandel med Saudiarabien och säger sig vilja fortsätta med det.

Från det minsta till det största i vår värld härskar pengarna. Allt är kvantitet och kan mätas med pengar. I min nyliberala kommun säljs allt ut och det är inte kvalitet det handlar om. Ideologin som gäller är att inget ska vara gemensamt, skatten ska vara minimal och ordet solidaritet är okänt. Detta fick jag svart på vitt på, då jag deltog i en arbetsgrupp där alla partier fanns med. Uppdraget var att ta fram en vision för kommunen. Jag föreslog då att att ordet solidaritet skulle finnas med i visionen men detta var helt uteslutet enligt den allians som styr kommunen. Någon sade t o m att hen inte tyckte om ordet i sig! Det finns inte mycket gemensamt kvar i kommunen. Biblioteken är ännu inte utsålda men flera politiker har föreslagit detta.

Pengar betyder allt för många som inte har pengar till mat och det nödvändigaste. Dock är det inte så att det är brist på pengar i världen men de är mycket ojämlikt fördelade. Om vi i Sverige skulle kunna räkna med de skattepengar som de rikaste undanhåller i skatteparadis, så skulle det räcka till mycket för att hjälpa dem som har det svårast. Varje år går Sverige miste om 40 miljarder i skatt som de rikaste undanhåller. Det är mer än vad det svenska försvaret kostar. EU förlorar 500 miljarder per år. Skatteflykten är hundra gånger dyrare än flyktingmottagandet i EU.

Den amerikanske filosofen Michael J Sandel har skrivit boken: Vad som inte kan köpas för pengar. Om marknadens moraliska gränser. Han inleder boken med exempel på en marknad där snart allt går att köpa, t ex en fånge med pengar kan köpa sig till en bättre fängelsecell, en bilförare kan köpa sig till att få ligga i en samkörningsfil, en surrogatmor kan tjäna 6250 dollar om hon levererar en baby och för rätten att skjuta en utrotningshotad noshörning betalar någon 150 000 dollar. Han frågar sig sedan vad detta leder till och svarar att ojämlikhet och korruption blir resultatet. Detta ser vi alltför väl i dagens värld och även i vårt land där ojämlikheten ökat stort. Marknaden behöver moraliska och politiska gränser, menar Michael J Sandel.

I dagens DN skriver Moa Matthis om klassamhällets återkomst som gör Sverige sårbart och osäkert. Sverige har 187 miljardärer och de äger motsvarande halva landets BNP. I boken Kapitalet, överheten och alla vi andra, skriver Göran Therborn om ett brutaliserat klassamhälle: ett tragikomiskt land! Jag lyssnade på Therborn i ABF-husets nästan fullsatta Z sal för en tid sedan och frågade mig igen varför ingen verklig politisk debatt förs om vart vi är på väg. I stället får Paul Romer ekonomipriset till Nobels minne för sin nya tillväxtteori som handlar om att vi inte behöver bekymra oss så mycket för han har hittat en metod för hur vi ska kunna öka tillväxten och på samma gång rädda vår jord! Fan tro´t!

Blir man lycklig av pengar? Filosofen Aristoteles skrev på 300-talet f v t i sin bok Den nikomachiska etiken: ”Ett liv som går ut på att skaffa pengar är underkastat ett slags tvång, och det är klart att rikedomen inte är det goda som vi är på jakt efter.” Eudaimonia är ordet för lycka på grekiska och det betyder den gode demonen, vilket innebär att människan mår väl med sin demon, sitt samvete och sin inre röst. Att leva lyckligt är att tänka och handla gott över tid och lyckan som det högsta värdet går ej att mäta, enligt Aristoteles.

Någon nämnde Karin Boye på teven och jag tog fram min enda diktsamling av henne, Dikter från 1957 i ett fint blått band. Vet inte hur jag fått den, möjligen köpt den själv men hade jag råd till det då? De mest kända dikterna läste jag förstås som ung: Visst gör det ont när knoppar brister och hennes roman Kallocain men det var mycket länge sedan.

Jag bläddrar i diktsamlingen. Tonen är ofta mörk och någon slags gudom finns ibland som tröst. Jag känner igen mig även om guden inte finns för mig. Dikten Små ting speglar mig, ”ett äpple i fickan, en bok med sagor kan trösta, när du inte orkar ta ett steg mer, inte lyfta ditt huvud i en hopplös gråhet.” Jag känner inte igen mig i mysticismen och den ibland högtravande tonen men i allvaret och den underliggande längtan till döden. Min svärta och min längtan till döden är som den ska vara vid 78 års ålder men Karin Boye var bara 40 år, när hon tog livet av sig i skogen utanför Alingsås. I hennes sista diktsamling De sju dödssynderna som gavs ut postumt, finns döden med i snart varje dikt. ”Tänk att nu vara död och ha lämnat bakom sig allt, ångest, fasa och ensamhet, och den oförsonliga skulden.”

"Om du vore barn så skulle du säkert få en diagnos av något slag," säger min sjukgymnast (fysioterapeut heter det visst nu). Vi talar om min träning, min stela rygg, min otålighet, mina svettningar, sömnproblem och min brådska. Hon tycker att jag ska gå med i en grupp, som jobbar med att lära sig andas. Hon tror att jag kan blir lugnare och kanske också sova litet bättre. Just nu går jag på höga varv, ska göra allt jag missat under mitt cancerår, blir allt mera svartsynt och oroar mig för allt. Mår bättre efter en träningsrunda och allra bäst efter en lång promenad i skogen. Du triggar endorfinerna, säger hon och då mår du bättre även psykiskt.

Kroppen och själen hänger ihop men är skilda åt, skrev Descartes på 1600-talet i sin skrift Betraktelser över den första filosofin, som jag just börjat läsa. Där bevisar han att kropp och själ är två skilda substanser och att Gud finns. Kroppen kan gå under men själen är till sin natur odödlig. Där skriver han också, att han tror att t o m ateisterna , "som snarare brukar vara halvlärda än snillrika och lärda, ska lägga bort sin motsägelselusta och inte våga betvivla att Gud existerar eller att människosjälen verkligen är skild från kroppen."

Descartes talar till mig som ateist men lyckas inte övertyga mig om att Gud finns och ej heller om att min själ (mitt medvetande) inte finns i min kropp, närmare bestämt i min hjärna. När min kropp dör,

dör också min själ, enligt mig. Denna min tro kan ju bero på att jag tillhör de halvlärda enligt honom, som ha svårt att ta till mig hans bevis! Dock jag har inte läst hela skriften ännu men har svårt att tro att jag ska kunna övertygas. Bortsett från det, är det en riktigt spännande text att läsa. Han finns hela tiden själv med i texten då han skriver i jag-form och det är lätt att föreställa sig honom, där han sitter vid sitt skrivbord tänkande och skrivande. Han skriver att han befriat sig från alla bestyr och försäkrat sig om fri tid i full ensamhet för att ägna sig åt inträngandet i vetenskaperna. Tyvärr lockades han ju till Sverige av drottning Kristina och dog i lunginflammation på Stockholms slott bara 50 år gammal.

Både Karin Boye och Descartes dog alldeles för unga men de lever kvar i allra högsta grad genom sina verk. Eftersom de båda hade någon slags tro på en Gud och ett liv efter detta fruktade de nog inte döden. Karin Boye t o m välkomnade den. Jag har redan levt nästan dubbelt så länge och bör vara nöjd och lycklig med mitt långa liv. Jag kommer inte att vara ihågkommen så länge efter min död men detta bekymrar mig inte. Bekymret är bara att jag har denna "diagnos" som jag inte har några bokstäver för, men som gör att jag ofta inte tycker att det finns någon glädje med att leva.

Jag känner mig utkastad i tillvaron (som Heidegger skrev) utan att ha bett om det och måste hela tiden utföra mina val. Men det är roligt att läsa Descartes, han är så inspirerat hoppfull och positiv och jag mår bättre en stund även om han inte kan övertyga mig om sina teser om livet och döden.

Även Karin Boye kan ge tröst som i dikten I rörelse:

Den mätta dagen, den är aldrig störst.
Den bästa dagen är en dag av törst.
Nog finns det mål och mening i vår färd -
men det är vägen, som är mödan värd.
....
....
Bryt upp, bryt upp! Den nya dagen gryr.
Oändligt är vårt stora äventyr.
Ja, nu gäller det att lägga handen på magen och
andas rätt!

Döda själar och levande växter

Det ringde på dörren och när jag öppnade stod där två små flickor, målade i ansiktet och med små burkar i händerna. Det tog en sekund innan jag förstod vad det handlade om. Halloween förstås och jag hade några diffusa föreställningar om att de ville ha godis. Jag äter inte godis och hade inget hemma. Ledsen, sa jag men jag har inget godis men kanske en chokladkaka, duger det? Ta den, sa de! De fick den och då stack deras mamma fram huvudet bakom dörren och bad dem säga tack.

Det är vid sådan här tillfällen som jag klart ser att jag levt länge på jorden och inte riktigt är i fas. Jag har ingen relation till högtiden Halloween men det är kanske inte så konstigt då den först började firas på 1990-talet i Sverige. Det var affärsmännen som kom på att de skulle kunna tjäna pengar på folks köpglädje även en helg före jul. De importerade seden från USA där man firat Halloween sedan 1800-talet då irländarna förde med sig den hedniska seden. Den handlar om en gud som kallas Samhain och som man skulle skydda sig mot på olika sätt t ex tända ljus i rovor. Jag har heller ingen känsla för dagen därpå, Alla Helgons dag, då jag inte tror på att vissa människor är helgon i någon guds namn. Dagen därefter som kallas Alla själars dag, kan jag ändå förstå mig på även om jag själv inte har någon grav i närheten att gå till och tända ljus. Mina föräldrars grav finns långt härifrån. De finns ändå närvarande ofta i min vardag trots att det var länge sedan de dog. Min pappa skulle ha fyllt 109 år den 10 november. Minns när han fyllde 80 och jag satt i bilen på väg till Vansbro den 9 november 1989 för att fira honom och hörde på radion att muren fallit i Berlin. Tårarna rann av glädje hela vägen.

I stället för att bekymra mig om helgon, själar och pumpor läser jag om något livsavgörande viktigt i våra liv på denna jord, nämligen växterna. Boken heter Intelligenta växter skriven av italienaren och neurobiologen Mancuso. En tankeväckande bok står det på baksidan och det stämde för mig. Växterna bildar grunden för vår existens på jorden. Enligt Första Moseboken skapade Gud växterna den tredje dagen efter att ljuset och vattnet kommit till. Djuren kom den femte dagen efter att solen, månen och stjärnorna blev till och inte förrän den sjätte dagen kom människan till. Detta bekräftas i stort sett av vetenskapen, nämligen att de första levande cellerna med förmåga till fotosyntes framträdde på jorden för mer än tre och en halv miljarder år sedan medan de tidigaste spåren av den moderna människan bara är 200 tusen år gamla. Detta har inte hindrat människan att ta över jorden och herraväldet över djur och växter.

Filosofer har under århundraden diskuterat vad slags varelser växterna är. Linné hävdade att växterna sover och Darwin upphöjde växterna till de mest fantastiska varelser han någonsin stött på. Han var övertygad om att växtroten är något som liknar hjärnan hos lägre stående djur. Om växterna i morgon försvann från jorden skulle människan kunna hålla sig vid liv i några veckor, högst en månad. På kort tid skulle alla högre stående djurlivsformer försvinna från jorden. Om vi människor i stället försvann, skulle växterna inom några få år återta herraväldet över all mark som tidigare berövats sin naturliga miljö och på knappt hundra år skulle vår civilisation vara utplånad av grönska.

Den senaste växtforskningen har visat att växterna är utrustade med sinnen, att de kommunicerar, sover, lägger saker på minnet och t o m förmår manipulera andra arter. Jag läser fascinerat om dessa varelser som jag aldrig förut känt på detta sätt, trots att jag varje dag går min runda i naturen och lägger märke till och beundrar alla växter. Träden är mina favoriter och med dem kommunicerar jag och när jag känner mig ensam och svart omfamnar jag den stora vackra tallen i skogsgläntan.

Nu gäller det att ge växterna rättigheter, värdighet och respekt, skriver författaren, så som vi nyligen gjort med djuren. Det lär dröja, tänker jag, när jag vet hur jordens växter behandlas och även hur vi fortfarande behandlar djuren. Jag såg i går ett fruktansvärt upprörande program om alla djurparker, där vi stänger in djuren för att vi ska få titta på dem. En bild stannar kvar hos mig. En elefant går runt, runt i sin lilla bur och förtvivlan präglar det det ståtliga och vackra djuret. Jag har under många år vägrat besöka djurparker, då jag inte står ut med att se alla olyckliga djur. Alla djurparker måste försvinna, inga regnskogar ska huggs ner och människan ska veta sin plats på jorden!

Finns hopp och god vilja i världen?
Måste man leva bara för att man blivit född? Jag har inte bett om att bli född och ändå måste jag fortsätta leva tills jag dör av någon anledning utanför min

kontroll. Jag föds utan att jag själv har fått bestämma det och jag dör också utan att jag själv bestämmer när och hur. Jag kan ju ta livet av mig men det är inte så enkelt. Jag har länge talat för att man skulle kunna få hjälp med att dö men i Sverige är det förbjudet. Man kan ju åka till Holland eller Schweiz men då måste man vara dödligt sjuk för att få hjälp att dö. Ordet för dödshjälp på grekiska är eutanasi som betyder god död!

Ovanstående tankar kommer till mig då och då när jag inte tycker att livet är värt att leva, när det inte finns något att glädjas åt och inget att längta efter. Jag är medveten om att dessa tankar hos mig är mot allt förnuft i min privilegierade tillvaro. Jag har inga yttre bekymmer som så många andra i denna värld och borde vara tacksam mot mitt liv. Det är ju rent skamligt av mig att inte vara glad och nöjd över att ha blivit född! Så talar jag till mig själv när mitt inre liv blivit svart och meningslöst men det hjälper inte. God ekonomi och prylar överallt hjälper inte mot svärtan därinne.

Kapitalismens gåvor har spelat ut sin roll för många av oss bortskämda västerlänningar. Vad ska vi nu ta oss till då kapitalismen ändå styr oss varje dag, vilket vi vill eller inte.

Jag lyssnade i veckan i ABF-huset på ett anförande av en sociolog som skrivit en avhandling om Nyliberal populism. Populism, som folket mot eliten och nyliberalism som innebär att ekonomins behov ska styra politiken. Nyliberalismen kom till Sverige redan på 70-talet men fick sitt genombrott på 80-90-talet då borgarna mycket skickligt inplanterade denna ideologi hos oss alla. Även arbetarrörelsen ställde till stor del upp på de nya ekonomiska idéerna. Minskad offentlig sektor, privata försäkringar istället för de gemensamma välfärdssystemen och privatiseringar av offentliga företag och institutioner. All ekonomisk aktivitet mår enligt nyliberalismen bättre av att drivas av det privata egenintresset. Frihet är att varje individ får sköta sig själv utan inblandning av staten eller politiken. Marknaden ska sköta våra liv från vaggan till graven, allt i våra liv ska värderas och mätas utifrån rent ekonomiska termer. Resultatet har blivit att ojämlikheten har ökat katastrofalt och skillnaderna mellan människor blir allt större. Alla har vi sett Peter Tillbergs klassiska målning av en svensk skolsal där alla elever stirrar tomt framför sig och vi läser orden på tavlan: Är du lönsam lille vän?

Denna ekonomism leder oss enligt den senaste rapporten från FN: s klimatpanel mot en klimatkatastrof snart om vi inte gör något. Dock finns hopp, skriver Johan Ehrenberg i sin bok Hoppet som jag köpte häromdagen, då han besökte vår kommun för att tala om att det är vi alla som kan rädda världen. Utgångspunkten är att förstörelsen av klimatet handlar om energi, 70-80 procent kommer från kol, olja,gas,10-15 procent från avskogning och 10-15 procent från jordbruket. Ehrenberg ger tio förslag på hur vi ska klara vårt klimat: Solel, elbilar, biokol, betald cykling, trähus och klimatsmart jordbruk m m. Han berättar så hoppfullt och då tror jag på honom men det är tyvärr inte han som styr utvecklingen utan den nyliberala marknaden, som inte bryr sig om att en klimatkatastrof väntar oss alla.

Jag brukar varje år ha en eller ett par riktigt svarta perioder men de blir allt värre i takt med att min omgivande värld blir allt mörkare. I dagens tidning finns följande nyheter: Svältkatastrof i Jemen, flyktingkatastrof i Bangladesh, allt större skyfall och översvämningar, kemvapen i kriget i Syrien, militären ska driva skolorna i Brasilien, där också regnskogarna snarast ska huggs ner. Jag läser och försöker hitta något positivt men misslyckas. Bilannonser och dödsannonser täcker resten av tidningen!

Nu ska jag sätta mig med filosofen Kant. Så här skriver han år 1785 i sin Grundläggning av sedernas metafysik: Det går inte att tänka sig någonting i hela världen, eller ens utanför den, som utan inskränkning skulle kunna anses gott förutom en god vilja. Denna goda vilja är enligt honom ett oeftergivligt villkor för att kunna vara lycklig. Jag måste undersöka vad han menar med detta. Hur ska jag få en god vilja?

Kapitel 4

Från Venus till Kant och slut på julen

December 2018

I morse vid halv åtta tiden gick jag ut i mörkret som vanligt. Sex grader varmt och fuktigt. Jag satte mig på bänken i skogsgläntan och såg mot den södra himlen. Där fanns månskäran som nu går mot sitt försvinnande och till höger den strålande morgonstjärnan Venus. Mitt svarta inre som hittills stämt så bra med mörkret därute, fick en liten glimt av ljus.

Jag läser just nu Immanuel Kant och även han såg stjärnhimlen och skrev i Kritik av det praktiska förnuftet: "Två saker fyller sinnet med förnyad och tilltagande beundran och respekt: stjärnhimlen över mig och morallagen inom mig."

Hur det är med morallagen inom mig, tänker jag undersöka genom att läsa och skriva om Kants kategoriska imperativ: "Handla endast efter den maxim genom vilken du tillika kan vilja att den blir allmän lag." Kan detta vara en ledstjärna? I de svarta stunderna, då ingen glädje finns, är ibland döden enda utvägen. Vad säger Kant om detta? Nej, säger han, denna handling kan aldrig bli allmän lag. Inte för att det verkar absurt att en lag skulle stipulera att självmord ska begås, utan för att denna önskan är en fråga om egenkärlekens princip, som aldrig kan bli allmän naturlag. Egenkärleken finns ju för att befrämja livet och att att förinta själva livet skulle motsäga sig själv och således kan denna maxim omöjligen bli allmän lag, skriver han. Begriper jag detta? Är det egenkärleken som gör att jag vill förkorta livet? Kan det ligga något i detta? Jag fortsätter min snåriga resa med Kant, han som inte reste alls utan hela sitt liv vandrade på gatorna i Königsberg.

När jag gick hemåt igen i morse, mötte jag en man som jag aldrig sett förut och plötsligt gjorde jag något som jag inte brukar göra, jag tittade rakt på honom och mötte hans ögon och då sade han Gomorron med klar och hög röst och jag nickade hej. Det lyfte en stund. Jag borde oftare möta människors blickar. Så lärde jag mig för länge sedan av den litauiske filosofen Levinas som skrev om att etiken börjar med att möta den andres ansikte, att erkänna den andre. Detta är grunden för ett mänskligt samhälle. Alltför ofta stirrar jag i marken vid mötet med andra människor, vägrar se att de finns.

Äntligen börjar media skriva om klimatet. Det ska till en femtonårig flicka för detta! I dag läste jag hennes tal till klimatmötet i Polen, om att världens ledare uppträder som barn. Hon har ju så rätt när man läser om Trump och Bolsonaro, som uppträder som okunniga och självupptagna barn. Niklas Ekdahl kallar Bolsonaro för fascist, värre än barn! Dock vet jag inte om filosofen Torbjörn Tännsjös recept på att klara klimatet med en global despoti, är rätt recept.

Och till råga på allt elände missade jag operan Rigoletto i lördags. Biljetter var inköpta redan i juni och vi såg fram emot besöket på operan, när vi stod och väntade på bussen, för att i god tid dyka upp på Gustav Adolfs torg. Bussen kom dock aldrig, inga besked om varför och taxi skulle vi få vänta en halvtimme på. Vi insåg att vi inte skulle hinna i tid. Så var det med den lördagen och SL:s vanliga service.

För att fortsätta min litania så ska jag be att få avsäga mig julen! Det blir för mycket med all den konstlat glättiga köphysterin. Som ett tecken på min avsägelse visade sig min adventsstake vara trasig och flera byten av lampor hjälpte inte. Nu är det mörkt i mitt fönster och det speglar rätt väl mitt sinnestillstånd just nu.

Turbulens

Himlen är blå utanför mitt fönster. Det var länge sedan. En turbulent vecka i mitt liv även om turbulensen endast försiggått inom mig. Mörkret därute har speglat mörkret därinne. Inga yttre orsaker i mitt liv och det är kanske problemet. Jag vill alltid veta varför. Det har varit och är ännu min viktigaste fråga i alla skeenden. Varför skakar mitt inre jag och varför finns det så mycket ondska i världen? Min terapeut kan till en del svara på min första fråga men på den andra frågan finner jag inget svar. Hänger frågorna ihop? Jag klarar inte att ta del av allt det onda, stänger radio och TV och hoppar över tidningsartiklar, när fredspristagarna läkaren från Kongo och kvinnan som varit sexslav hos IS berättar om de grymmaste och mest förfärliga våldtäkter och tortyrliknande sexuellt våld mot kvinnor och barn. Hur kan de klara att leva med all den ondska de varit med om?

Ett program i TV om miljardären Roger Akelius. Han verkade inte så lycklig han heller, ensam trots alla omkring honom och med sina stora hus i världens alla hörn. Han har ingen förståelse för att alla hans fantastiska nyrenoverade lägenheter endast är till för de rikaste, anser att han gör en god gärning genom att renovera gamla hus! Det mest skrämmande med programmet var konstaterandet att vi nu är inne i en tid då den råa kapitalismen är helt accepterad och att dess följder inte ska diskuteras. Jag har levt under en kort period då det ändå fanns någon tanke om att sträva efter att utjämna klyftor och att den mest utstuderade kapitalismen inte kunde få förstöra jorden och mänskligheten. Nu har marknaderna helt tagit över och att hejda klimatförstöringen är inte aktuellt om det kostar för mycket pengar. Så uttalade sig en företagsledare i TV häromdagen!

För min personliga del har inte mänsklighetens undergång så stor betydelse, då jag själv mycket snart ska försvinna från jorden yta. Trots det blir min sista tid allt svartare då människors ondska blir allt grövre och jag inte kan blunda. Kanske är maktlösheten det värsta. Det enda jag kan göra är att bidra med några kronor till organisationer som arbetar för fred och mot våld men det känns fattigt.

Nu har människan tagit över jorden, en ny geologisk era, antropocen har inletts. Artutrotning, havsförsurning, regnskogsavverkning och ojämlikhet växer exponentiellt. Förespråkarna för kapital och marknader bejakar utvecklingen och hänvisar till framsteg som minskad barnadödlighet och fattigdom och menar att om ekonomi och teknik släpps fria, kommer lösningar på problemen att uppstå.

Jag flyr som vanligt in i böckernas och filosofernas värld. Fortsätter att läsa Kant. Han var hela sitt liv sysselsatt med att tänka och skriva om de mest skiftande företeelser i livet och världen, vände och vred på hur vi människor bäst ska leva våra liv. Han föreläste som ung vid universitetet i logik, metafysik naturvetenskap, matematik, etik, mekanik osv. Han har skrivit om allt ifrån pedagogik, fysik, astronomi, teologi, fred, antropologi, logik och till etik. Om rättsstaten, om ondskan, om moralen, om allt det som vi i dag borde tala och skriva mera om. Jag läser just nu hans etik, hans kategoriska imperativ som ska leda oss människor att handla rätt. Det är spännande att ta dagens problem och belysa med Kants etik. Ibland får jag ledning, ibland blir det helt fel.

62

Min fråga: Varför finns inte dagens filosofer mera närvarande för att hjälpa oss att fundera och hitta lösningar på våra stora frågor om vår egen och jordens framtid? Kapitalisterna och politikerna verkar inte klara av att ge oss svar.

Kapitel 5

Tårar

Januari 2019

Jag sitter på tåget på hemväg från livlig jul i Norrland. Min son körde mig till tåget och tårarna kom när jag kramade honom. På Pressbyrån köpte jag Ord och Bild, den gamla kulturtidskriften som funnits sedan 1800-talet. Det var länge sedan jag läste den och när jag med en ynglings hjälp fått upp väskan i bagagehyllan och släppt in min stolsgranne till fönstret, öppnar jag den och finner berättelser om fotvandring i Värmland och kulturrevolution i Kina. Så väsensskilt men det handlar om berättelser, om att läsa och förstå.

En journalist, Marit Kapla, följer i spåren av Ellen Key, Selma Lagerlöf och Gösta Berling men också i sina egna spår eftersom hon växt upp i Värmland. Jag följer med mot min barndoms plats förbi Mårbacka och Rottneros och till Sunne. Där stannar vi på torget som jag känner så väl och där en stråkorkester med ungdomar spelar. Vi går förbi Broby gästgiveri där majorskan mötte Gösta Berling för första gången. Jag lämnar Marit en stund och går själv vidare mot Ulfsby herrgård eller Länsmansgården, där majorskan satt fängslad och där jag jobbade flera somrar i min ungdom och bodde i den lilla stuga som var hennes fängelse i sagan. Snart möts vi igen på Tossebergsklätten, det 343 meter höga berget. Vi står där i utsiktstornet, där jag stått flera gånger förut och betraktat den overkligt vackra synen av det blå och gröna, av rymden, vattnet och skogen. Journalisten frågar mig vad vi ska göra med all den skönheten, som strålar rakt ut i universum? Är det Kants beskrivning av det sublima som skiljer sig från skönhet och som kan ge både en positiv och negativ känsla på samma gång?

Journalisten Marit går vidare mot sin barndoms bygd i Värnäs och jag går tillbaka och följer vägen mot Östanbjörke, viker av vid skolan mot Hällsjön och snart står jag på grusvägen och tittar upp emot huset där jag växte upp. Nu kommer tårarna. Varför finns jag inte här längre? Det är ju här jag hör hemma. Det känns så starkt att på den här platsen, i den här naturen bor jag. Karin Johannissons bok Nostalgia beskriver nostalgi som hemlängtan med samma ursprung som vemod och melankoli, en känsla av förlust av tillhörighet som i det moderna industrisamhället betraktats som en svaghet, något pinsamt som måste döljas.

Jag sitter fortfarande på tåget, läser tidskriften och följer journalistens vandring i Värmland. Tårarna kommer och jag känner att jag har förlorat något viktigt utan att veta vad det är. Och nu är det för sent att gå tillbaka och leta. Är det den förlusten som är grunden till mina svarta, djupa orosperioder, då jag förundrat betraktar människor omkring mig som kan skratta. Just nu är det en liten pojke och hans pappa mitt över gången i tåget som leker någon slags fingerlek och skrattar högt och stort.

När jag tar taxi utanför centralen och ska säga min adress blir det fel, alldeles fel. Jag uppger den gata i den Norrlandsstad där jag bodde på på 70-talet och som jag just besökt. Taxichauffören kollar sin GPS men hittar inte gatan och då kommer jag till sans igen och säger min riktiga adress. Jag blir riktigt rädd, börjar jag bli dement eller tokig på annat sätt? Är det alla känslor och tårar som härskat i min kropp de senaste dagarna, som gjort mig helt omtumlad? Jag läser på wikipedia om tårar och det finns tre typer:

Bastårar som städar ögat från smuts och damm

Reflextårar som kommer av lök eller tårgas och ska spola bort irriterande saker i ögat

Känslotårar: Gråt som kommer av känslomässig stress, sorg, fysisk smärta eller glädje. De innehåller mer av proteiner, hormoner och smärtstillande endorfiner än vanlig tårvätska. Forskare säger att denna gråt är till för att göra sig av med kemiska substanser som byggts upp i kroppen under stress, man rensar systemet.

Så är det nog. Hela helgen har varit omtumlande med besök och snöpulsning på ön med sommarhuset som jag inte besökt på flera år och där jag skrattat och gråtit mycket. Umgänge med goda människor och försök att leva upp till julglädjen. Och nu återbesöket i min barndomstrakt med hjälp av en journalists fotvandring. Mina tårar har varit till för att lugna ner min oro och rensa bland alla stressiga tankar.

I dag är första dagen på det nya året och jag har inte avgivit några nyårslöften. Dock hoppas jag att både läkande tårar och tårar av glädje ska förunnas mig.

Tröst?
Mörkret har varit kompakt den sista tiden både därute och härinne. Den gnagande oron har härjat härinne och jag har sökt efter tröst. Kanske kan en optimistisk framtidssyn göra min tillvaro ljusare? Så tänkte jag och köpte den tjocka boken Upplysning NU av Steven Pinker. Obama har tyckt om boken och David Lagercrantz, som liksom jag hamnar i depression då och då, beskriver den som trösterik.

Pinker vill återuppliva upplysningens ideal och han börjar med Kants fråga i en uppsats från 1784 : Vad är upplysning? och Kants svar: Sapere aude! Våga veta! Människan ska bruka sitt förstånd, öka sina kunskaper och sluta underkasta sig religiösa och politiska auktoriteters dogmer och formler. Pinker nämner fyra teman som knyter samman upplysningstidens epok på 1700-talet: förnuft, vetenskap, humanism och framsteg. Han fortsätter med att föra fram tre begrepp som kan få oss att förstå våra villkor, våra tragedier och våra möjligheter till ett bättre liv: Entro, evo, info som betyder entropi, evolution och information. Entropi är det svåra begreppet som handlar om oordning, om att allt faller sönder om att inget varar för evigt. Så långt följer jag honom och har bara läst 50 sidor av de 700. Det är sedan jag blir motsträvig och säger emot honom, när ha beskriver hur fantastiskt bra vi har det på jorden, hur allt har gått framåt och hur lyckliga vi ska vara. Han påstår att jag är en av dem som lider av framstegsfobi! Dock tänker jag fortsätta läsa för att undersöka om jag kan Våga veta!

Inte så konstigt att jag lider av framstegsfobi då jag läser om sopornas planet som är jorden. Haven har mera plast än fisk nu för tiden och sopbergen i många länder är kolossala. Jag läser också en artikel om hur inkomstklyftorna blir allt större men att vi inte upprörs över den ofantliga rikedomen hos några få. En procent kommer 2030 att äga två tredjedelar av världens förmögenhet. Vi talar mycket om fattigdomen och det ska vi göra men vi talar aldrig om rikedomen! Det är synd om de rika, så nu får de snart lägre skatt!

Jag sitter på tåget från stan och läser en annan bok som talar till mig just nu. Lånade den just på stadsbiblioteket, som jag besökte för att lämna tillbaka alla böcker om Kant, då jag just skrivit klart min uppsats om Kants kategoriska imperativ och skickat in. Underligt att jag föll för denna lilla bok med dikter av en

Eva B Magnusson: *Här slutar allmän tid.*

Jag har aldrig hört talas om henne men har nu läst hennes dikter två gånger och känner mig tröstad. Jag kollade henne och hon är två år äldre än jag och av dikterna att döma har vi mycket gemensamt: depression, filosofi, Arvo Pärt och döden. Hör här en dikt om Gammal flicka:

Det är en mycket trött, en mycket
gammal flicka.
Dagen går mot sitt slut
Den har en kyla mitt i solen
Hon ser sig omkring
Flyttblocken står kvar
Enarna står kvar
De vet sin plats
Hon balanserar på ett ben
Allt står och väger

Jo, så är det. Och konstigt nog blir jag tröstad av

hennes ord. Kan bero på att jag inte är ensam.

Oro på tid
I förrgår
Min kropp bävar
inombords
Tankar i spiral utan ordning
Frågor oupphörligt
Inga svar
Tomhet
Cogito ergo sum
Helst inte
Mitt oroliga medvetande är många olika delar
integrerade till en helhet som har
en matematisk formel. Ju flera delar desto högre
värde. Även daggmasken har ett medvetande.

Entropi som regel
Även inne i mig
Stora frågor måste ställas enligt
Stephen Hawking
Ett enastående geni
Tiden uppstod med vårt universum
Framstegsfobi säger
Steven Pinker
Enligt naturlagarna
är det så

Stå ut
lång tid som kort

Varför?
Skäl
Född
Kants förbud mot självmord

Snön faller
isen breder ut sig
Mörkret kommer
Ingen återvändo
Det skramlar
därinne
i vattnet

Letar efter
ljuset
Bara en liten strimma
någon enda gång
Lugn önskas
Världen skälver
Ayn Rand
ingjuter skräck

Framtiden
bakom mig
sant

I går

Oron vilar oroligt
Limpor i ugnen

Ensam därute
Avrättning
Pojke vädjar
God nyhet
groda hittar partner
Is
Knaggel
Inget
Tomt skrammel
Regering
Kulturtant
Biobesök

Hårt fladder
Yrsel
Beslut
Inställd resa
Broddar
Perrongpromenad
Centrumväntan
Läkarväntan
Halvgråt
Lättar
Städning

Svagt fågelkvitter
Vanligt tal
Några ord
Utan längtan

I dag

Restless legs
Marknadens hysteri
Tanter då och nu
Ett jävla solsken
Sameliv
Starka kvinnor
Samtal
Att leva med tillvarons ovisshet
kräver träning, hård träning
Mångmöte
Röster
Svar saknas

Kapitel 6

Oro

Februari 2019

Jag sitter i mitt köksfönster och betraktar den unga kvinnan som sopar och skrapar sin bil ren från snö därnere på gatan. Den långe mannen kommer ut genom porten med sin yorkshireterrier och den gamla damen med rullator har svårt att ta sig fram i snömodden. Några människor rör sig då och då därute. Jag funderar på hur de har det i sina liv. Är de glada över att leva? Min glädje är långt borta

Mitt inremörker är kompakt och en centrifug roterar därinne och påverkar kroppen som har svårt att vara stilla. Jag går runt runt och betraktar mig utifrån. Vem är det där? Kvinna 78 med ett virvlande inre. Hon rör sig hela tiden runt i lägenheten.

På natten handlar virvlarna om nästa dag. Tåget kanske är inställt? Vad gör jag då? Måste kolla SL-appen. Snön hindrar tåget på vägen? Är det fortfarande halt på vägen ner till tåget? Det går bra om jag tar på mig broddarna. Jag kan ju ta av dem på tåget men då kan jag ju halka när jag ska gå från stationen till bussen och sedan när jag ska gå från bussen till Stadsbiblioteket och sedan hela Sveavägen ner. Om jag inte hinner dit till klockan 12.30 då

kanske jag inte får någon lunch. Jag får inte komma
för tidigt heller för då får jag sitta och vänta för länge.
Och så vidare, och så vidare.....

Hur länge har detta pågått? Tar fram dagboken.

Dagboken

November
Mår inte så bra. Mår pyton just nu, allt är svart och
ledsamt. Disigt, mörkt även inombords.

Orolig natt med svettningar. Svart inuti och
illamående. Trött och svart nu.

Olustig, svart. Orolig och svart, svårt att somna

Mår så dåligt nu, jag är helt mörk nu och bara oro
finns därinne. Försökte och försökte att ta mig ut ur
klippan men lyckades inte.

December - Januari
Mörk därinne. Vet inte vad jag ska ta mig till. Mår
inte bra, svart och darrig. Gråter, faller snart ihop.
Rädd också. Gråter flera gånger hos terapeuten.
Husläkaren ringer och skriver ut lugnande. Sover
dåligt, svettas och vaknar. Börjar bli rejält orolig. Jag
orkar inte med denna oro. Försöker komma till ro
fast det mesta darrar. Nästan lugn en liten kvart.

Min hjärna

Orosorden finns med varje dag i dagboken. Tre månader har min hjärna varit i uppror. Psykologen Anna Kåver skriver i sin bok Oro Att leva med tillvarons ovisshet om att vår hjärna släpar efter i uppdateringen och reagerar som om vi levde på grottstadiet. Vår gamla hjärna utvecklades i takt med arten och anpassades till ett jägar-samlarliv, där finns hunger, lust, mättnad och rädsla. Den unga hjärnan utvecklades för 100 miljoner år sedan hos de stora däggdjuren och där finns logiskt tänkande, förmågan att planera och tänka framåt, att minnas och inte minst vårt språk. Den håller den gamla hjärnan i schack och hjälper oss att nyansera de primitiva reaktionerna. Rädslan i den gamla hjärnan är viktig men förmågan att tänka på vår rädsla och det som gör oss rädda är central, det vill säga att oroa oss! Denna förmåga kan gå i spinn och hjärnan blir överaktiv och överhettad. Så har skett hos mig. I hjärnan strömmar olika signalsubstanser som påverkar vår upplevelse och vårt sätt att vara. En av de viktigaste är serotonin som styr glädje, ilska, livslust, aptit, sömn osv. Personer med depression har för lågt flöde av serotonin mellan nervsynapserna och medicineras då men medicin som ska hålla serotoninhalterna i balans.

Det är detta som jag nu sysslar med, fyller på mitt behov av serotonin men det är plågsamt. Det blir bättre snart, om ett par veckor, säger min läkare. Är det skärselden som jag ska igenom nu för att komma ut på andra sidan?

Jag läser just nu om Kata Dalström (1858-1923) agitatorn som gick sin egen väg. Hon kom från överklassen men blev socialdemokrat och reste runt landet och agiterade, födde sju barn, var både spiritist och buddhist och hade flera kärleksrelationer. Hon tvivlade inte på sig själv och oroade sig inte för något. Hon verkade ha ordning på sin hjärna.

Att fråga
Hela mitt liv har bestått av frågor. Vem är jag? Vad är meningen med livet? Ordet varför har varit vanligt förekommande i mitt tal. Varför är himlen blå? Varför krigar människorna? Varför är Pelle dum? Varför blir allt fler ledare i världen diktatorer? Varför gör vi inget åt ojämlikheten? Varför ska Trump bygga en mur när all forskning visar att murar inte hjälper? Varför har högerextremistiska partier blivit så stora och så många? Varför håller vi på att utrota oss själva? Varför mår jag så dåligt? Varför är människor glada?

För det mesta får jag inga svar på mina frågor. Jo, en läkare svarade på min fråga varför jag mår så dåligt? Du har i ett helt år haft en dödlig sjukdom, cancer, som påverkat dig både fysiskt och psykiskt och därför har du gått in i en depression. Din serotoninhalt har sjunkit och nu måste du fylla på den. Jag håller på med det nu men frågar mig varför det tar så lång tid att bli litet glad igen.

Jag har använt frågor med ett annat syfte också under livet. Tidigt upptäckte jag att om jag ställde intresserade frågor till människor om dem själva, så fick jag bra kontakt och blev uppskattad. Alla vill ju prata om sig själva. Vid långa tråkiga middagar har jag använt mig av detta trix gentemot min bordsgranne. Även under långa sammanträden kan jag i stället för att påstå att jag kan och vet allt, ställa frågor för att föra samtalet framåt.

Jag vet också varför jag många år ägnat mig åt att läsa filosofi. Det beror på att filosofi i grunden handlar om att fråga. Filosofins begynnelse var frågan. Filosofi betyder vän av vishet och ägnar sig åt konsten att ställa frågor som bryter ny mark. Det handlar också om att ställa frågor till sig själv, om ett arbete med sig själv. Redan tidigt ställdes de frågor som ännu gäller. Hur började det hela? Vad var begynnelsen? Vatten var början svarade naturfilosofen Thales på 600-talet f v t. Aristoteles ställde frågan om det varande som varande, vad är ett ting? Filosofins grund var enligt honom överraskningen. För Platon var förundran filosofins grund. Sokrates metod handlade också om att fråga. Majevtik som betyder förlossningskonst, var hans frågemetod, som lockade fram kunskaper ur människors minnen. Descartes framställde på 1600-talet tvivlet som den viktigaste drivkraften för sin filosofi. Filosofen Kant på 1700-talet ställde de tre stora frågorna: Vad bör vi veta? Hur bör vi handla? Vad bör vi hoppas på?

I mitt liv har samma frågor som filosoferna ställt under årtusenden, också varit mina. Inga definitiva svar finns för mig men jag har till en del försonat mig med detta. Jag tror inte på tvärsäkra svar. I dag finns alltför många som anser sig sitta inne med hela sanningen och det är detta som skrämmer mig. Vi kan svara på flera vetenskapliga frågor i dag än under antiken men när det gäller de filosofiska frågorna om hur vi lever våra liv på jorden, har vi inte flera och bättre svar än man hade för flera tusen år sedan. Trots detta måste vi fortsätta fråga. Filosofin borde ha en större plats i vår värld för att kunna ställa de frågor som kan hjälpa oss skapa en bättre värld.

Min nu aktuella fråga är om jag någonsin kan bli en glad människa igen? Tyvärr kan ingen filosof svara på detta.

Tid
Tiden är en stor läromästare men tyvärr dödar den alla sina elever, skrev Hector Berlioz. Jo, så är det. För mig blir detta faktum allt mera närvarande. Om jag lever tio år till har jag 3650 dagar, 87600 timmar kvar att göra något av. Min far blev 85 år men han

led av Parkinson. Min mor blev 92 och hon blev dement på slutet. Hur ser framtiden ut för mig?

Vad ska jag göra med tiden? Varje dag borde ju vara värdefull för mig när jag har så liten tid kvar. Jag upptäcker dock att jag ofta önskar bort tiden, då jag just nu mår dåligt och inte orkar ta itu med något. Dessutom har jag ofta långtråkigt och vet inte vad jag ska ta mig till. Tråkigheten är förknippad med tidsfördriv, där tiden inte är till för möjligheter utan måste fördrivas. Filosofen Lars Fr H Svendsen, som skrivit en bok om Långtråkighetens filosofi, menar att tråkigheten bottnar i en brist på personlig mening. Utan ett krav på mening skulle det inte finnas någon leda. Djur kan vara understimulerade man kan knappast känna sig uttråkade.

Meningen nu för tiden, då Gud är död, förväntas vara att förverkliga sig själv. Vill jag det? Vad är det egentligen?Jag måste väl ha gjort det jag kan med mig själv, då jag levt i snart åtta decennier. Meningen med livet är att leva så gott det går och det har jag gjort så länge. Vad ska jag göra nu?

Jag läser om tiden, om vad tid är. Det har filosofer funderat på i tusentals år. Augustinus på 400-talet ställde sig frågan om vad tid är och hans svar var, att han vet så länge ingen frågar honom och ber honom förklara, för då vet han inte. Han kommer ändå fram till att det finns tre tider: det förflutnas nu, det pågående nu och det kommandes nu, för något exakt nu finns ju inte. Så snart jag säger nu så är det förflutet, det går inte att fånga. Dessa tider finns bara i medvetandet, någon annanstans ser jag dem inte, säger han. Men fortfarande vet han inte vad tiden är.

Det enklaste är förstås att tiden är det som man mäter med klockan och tyvärr är det så jag oftast ser på tid. När jag mår dåligt eller är uttråkad så tittar jag på klockan och önskar bort tiden. Som barn fanns en fri tidlöshet som styrdes av solens upp- och nedgång och lek och äventyr, tills tröttheten tog över. När skolan började kom klocktiden in i bilden och har sedan följt mig genom livet.

Ändå tror jag mig ha förstått att tiden i sig själv inte finns. Utan oss människor, utan världen och utan händelser finns inte tiden. På samma sätt som egenskaper inte finns utan någon som har dessa egenskaper. Vi har skapat komplicerade verktyg för att mäta och lotsa oss genom livet med hjälp av den tid som inte finns. Jag som nu lämnat arbetslivet och den inrutade tiden borde kunna leva tidlöst och fritt och ge det återstående korta livet en chans. Jag har inget att oroa mig för, inget att jäkta till, inget att leva upp till längre. Jag borde kunna leka i en tidlöshet tills jag blir trött!

Men vilken lek ska jag leka i 3650 dagar till?

Kapitel 7

Ondska och melankoli

Mars 2019

Jag går min vanliga morgonpromenad med radion i öronen. Det är grått och dimmigt och jag försöker ta mig ur morgonens illamående och svartsyn. Då hör jag om ett fruktansvärt terrordåd i Nya Zeeland med 49 döda. Några terrorister har tagit sig in i två moskéer under fredagsbönen och skjutit omkring sig. Min svärta ökar och jag tänker som så ofta att jag inte kan förstå, inte kan fatta människors ondska. Jo, jag tror att varje människa, även jag, är både ond och god. Men vad är det som utlöser människors ondska och leder till dödande och lidande? Min ondska kan leda till fula tankar och kanske någon gång fula ord men sällan till fula handlingar. Eftersom jag inte tror på någon gud behöver jag inte fundera över teodicéproblemet, d v s frågan om hur en god och allsmäktig gud kan tillåta ondskan i världen. Detta har sysselsatt filosofer och andra lärda så länge kristendomen har funnits, eftersom det var då ondskans problem uppstod. Ursprunget är Adams och Evas syndafall i paradiset.

Jag har just läst en filosof vid namn Schelling (1775-1854) som på ett invecklat och nästan oläsligt sätt, försöker förklara det onda i en värld där en god gud härskar. Han börjar med att påstå att gud har gett människan en fri vilja, så att hon kan välja det goda eller det onda. Men egentligen så finns inte ondskan i sig utan det är en brist på det goda, skriver han. Det onda behövs för att det goda ska synas och bevaras! Ondskan är reserverad för människan. Skaparen kan inte vara ond. Men varifrån kommer då ondskan, bristen på det goda? Det kommer från en annan substans, från en grund, skriver han. Någon slags big bang? Ondskans möjlighet är människans möjlighet, mörkret är en förutsättning för ljuset. Det börjar med en kris, med kaos som sedan leder till något gott.

Jag blir inte klokare av att läsa Schelling. Kanske kan jag ändå trösta mig med att det inre kaos som jag just nu upplever, kan leda till något gott, något lugnt. Jag äter mina tabletter, som ger mig illamående och oro men enligt läkaren ska det leda till att jag någon gång kanske kan bli glad igen?

För att förstå min situation läser jag böcker om depressionens historia och upptäcker att begreppet depression inte funnits så länge, även om tillståndet funnits i alla tider. Ända sedan den grekiske läkaren Hippokrates tid på 400-talet f v t, har tillståndet kallats för melankoli av de grekiska orden melas(svart) och khole(galla). Melankoli uppstod när för mycket svart galla producerades av mjälten, ansåg man då. Långvarig förtvivlan eller nedstämdhet och rädsla var utmärkande för melankolin och den uppstod inte på grund av något särskilt. Storheter som Sokrates och Platon ansågs vara melankoliker. Melankoli på den tiden var något av en genisjukdom även om alla genier inte var melankoliker. Jag känner igen mig i melankolin men är minst av allt ett geni! Och orsaken i dag är nog inte svart galla utan brist på serotonin i hjärnan, sägs det. Och bristen ska botas med medicin?

Min melankoli förvärras av ondskans härjningar i världen men dagens ungdomsdemonstrationer mot klimathotet lindrar en aning.

Glädje och ångest
Ordet glädje klingar ljus, skratt och hopp. Ordet ångest mörker, gråt och förtvivlan. Jag googlar på glädje och hittar mängder av klämkäcka råd om hur man ska kunna bli en glad människa: lev i nuet, stressa inte, umgås med dina vänner, engagera dig i något och så vidare. Jag har försökt allt detta men mitt sinne blir inte ljusare. När jag googlar ångest får jag erbjudanden om behandlingar av olika slag alltifrån samtalsterapi till antidepressiva mediciner. Jag testar mig också och får till resultat att jag lider av en medelsvår depression och snarast bör ta kontakt med läkare. Jag har gjort så och fått samtalsterapi och mediciner men mår efter flera månader inte bättre. Goda råd handlar om att äta rätt, att motionera, att aktivera sig och allt detta gör jag men det hjälper

inte. Varje dag är en utmaning att ta sig igenom. Jag har bett att få tala med en psykiater men en remiss leder till att jag inte kan få ett sådant möte då jag inte är nog sjuk! Antagligen bör jag vara uttalat självmordsbenägen och även om jag för det mesta inte tycker att livet är värt att leva så är jag för feg att ta livet av mig. Alltså ingen psykiater för mig!

Jag frågar mig hela tiden varför jag befinner mig i detta tillstånd. Jag borde ju vara glad då jag vid den senaste kontrollen ansågs fri från min cancer. Min cancerläkare menade dock att det är vanligt att man efter ett års cancerbehandling hamnar i en depression. Cellgiftsbehandlingen har skadat både kroppen och "själen." Serotoninhalten har minskat och det är detta hormon som ger glädje. Nu ska tabletterna ge mig glädjen tillbaka.

Ofta har jag vänt mig till filosofer för att försöka förstå vad detta livet går ut på, även om jag inte alltid förstår vad de skriver. Just nu läser jag Sören Kierkegaard, den danske filosofen som dagligen vandrade på Köpenhamns gator. Han levde mellan 1813 och 1855 och blev alltså bara 42 år.

Jag läser hans Begreppet Ångest och där hittar jag beskrivningar som jag tror har bäring på mitt tillstånd. Visserligen var Kierkegaard troende och hans beskrivning av ångest handlar bitvis om arvsynden, som uppstod i och med Adam och Evas syndafall i paradiset. Jag känner mig inte hemma där men han har också psykologiska beskrivningar av ångest som jag kan ta till mig. Ångesten kan ses som en konsekvens av frihetens möjligheter och fruktan för att vi kommer att göra det vi inte bör göra. Ovisshet ger ångest och det vet jag, som har oro inför det mesta som jag ska göra även om det är sådant jag gjort i alla tider. Helt obegripligt och jag känner inte igen mig själv och det är att jag inte är mig själv som ger mig ångest, enligt Kierkegaard. Ångesten ska fostra oss att eftersträva ett självmedvetande, bli i kontakt med oss själva. Att våga är att förlora fotfästet en liten stund, men att inte våga är att förlora sig själv. Jag känner att jag inte vet vem jag är men hur ska jag få veta det? Ska ångesten hjälpa mig? Ångest är en väsentlig del av vår egen utveckling – om vi gör allt för att undvika ångesten kan vår personlighet utarmas, skriver Ingmar Simonsson i sin bok om Kierkegaard. Ångesten är en del av mitt liv och bevis på att något är fel, ett problem som behöver lösas. Men vilket är problemet?

Nästa vecka ska jag lyssna på en föreläsning om Kierkegaard. Kanske blir jag klokare då? Men blir jag gladare?

Den fria viljan
Nu ligger en skata i boet. Inte kan den väl redan vara i färd med att ruva? Jag går min vanliga morgonpromenad och längtar efter vårtecken, hittar

inte många. Snön är nästan borta men några isfläckar finns kvar och gruset knastrar under fötterna på gångvägen. Vintern är ännu inte bortsopad. Där står ett ensamt rådjur på fältet och glor innan det vänder sin vita bak mot mig och springer iväg. Isen finns kvar på sjön även om vattnet kommit fram nära stranden. Talgoxarna sjunger sin entoniga sång men jag har inte hört koltrasten. Jag går fram och känner på sälgens små mjuka hängen, som vi brukar kalla videkissar. De har inte börjat blomma ännu men ger ändå hopp.

Jag går och funderar på en artikel jag just läst i dagens DN om Den fria viljans död. Andrev Walden skriver att vetenskapen är på väg att avliva idén om människans fria vilja och att denna bara är en algoritm, en kedja av elektrokemiska hjärnprocesser. Han vill inte vara en algoritm och det vill inte jag heller men det gäller att fortsätta låtsas, som om min fria vilja finns och att jag kan välja hur jag ska leva. Om jag tror att allt är förutbestämt som deterministerna tror, då behöver jag ju inte anstränga mig eller ta något ansvar för hur jag handlar. Då är det bara att lugnt leva vidare utan ångest. För det är ju den fria viljan som ger mig ångest? Fast jag undrar om min nuvarande oro verkligen beror på den fria viljan. I vår värld som tror på mediciner, handlar det ju om att min serotoninhalt minskat radikalt. Och jag har ju inte valt att få cancer och depression. Vem bestämde det? Om jag vore en troende, skulle jag säga att det kunde vara en gud som ville straffa mig för mina synder. Om jag vore fatalist så skulle jag skylla på ödet, vad nu det kan vara.

Inom filosofi, religion och vetenskap har människan i alla tider spekulerat om den fria viljans vara eller inte vara utan att komma fram till något slutgiltigt svar. De flesta filosofer jag läst har på ett eller annat sätt skrivit om den fria viljan och kommit till olika slutsatser. Schopenhauer skrev följande: "Du kan göra det du vill men i varje givet ögonblick kan du endast vilja en bestämd sak och absolut ingenting annat än den saken." Och kanske menar John Lockc mig då han säger: "Man vill vara fri, i brist därpå märkvärdig." Så för att inte bli betraktad som märkvärdig, slutar jag fundera på den fria viljan och ägnar mig i stället åt tankar om en kommande vår, som jag inte kan påverka.

Kapitel 8

Mardröm och verklighet

April-maj 2019

Jag är på väg från banken och kommer plötsligt på att jag glömt min handväska där och vänder. När jag kommer in till banken ligger min röda handväska under en tidning på ett bord. Jag tar upp den och kollar plånboken. Mitt ena bankkort är borta och mitt körkort. Men min mobil finns kvar och det andra bankkortet. 300 kronor är också borta. Jag ber att få tala med någon vid bankdisken för att spärra mitt konto men kvinnan som ska hjälpa mig, tittar inte ens på mig. Hon går ut och jag ser genom fönstret att hon sitter på en bänk och talar med någon. Jag ber då att få tala med en ung man men han vill heller inte hjälpa mig, bryr sig inte!

Jag vaknar och är mycket orolig, innan jag blir helt vaken. Drömmen var så verklig att jag har svårt att göra mig fri från den. Är det Swedbankskaoset som manifesterar sig i min dröm. Jag är kund hos Swedbank och har väl som alla andra funderat på hur det går med mina besparingar. Inte för att det är någon förmögenhet men ska åtminstone räcka några år till. Jag ska visserligen inte ha någon dyr begravning utan har bett att få s k direktkremation som bara kostar ca 6000 kronor men jag kan kanske behöva pengar till något oförutsett innan jag dör.

Det är pengar som styr allt i dag och banken gör oerhörda vinster på oss sparare och låntagare men nöjer sig inte med det utan måste tydligen ägna sig åt mer eller mindre kriminella handlingar också! Jag tänker på detta med pengar och kapitalism då jag sitter på ABF-huset och lyssnar på en föreläsning om Marx i min filosofikurs. Docenten från högskolan läser innantill ur sitt manuskript men trots det en aning monotona framförandet, är det intressant. Det slår mig att Marx beskrivning av samhället vid mitten av 1800-talet stämmer alltför väl ännu i dag. Kapitalismens utveckling mot att färre kapitalägare äger allt större kapital leder till att kapitalismen går under, enligt Marx. Det har nu inte skett även om vi i dag ser att kapitalägarna blir allt rikare och ojämlikheten allt större mellan dem och de arbetande människorna. Jag undrar vad Marx skulle ha sagt om utvecklingen om han levat i dag?

Som vanligt var det inget att se på mina vanliga TV-kanaler häromkvällen och jag surfade över till Axess, där en historieprofessor berättade om sin bok om Karl XII. Som gammal historielärare fastnade jag där. Vilken bild av krigarkungen härskar i dag? Jag slogs av att den inte förändrats så mycket sedan jag en gång läste historia. Då gällde hjältebilden utifrån Tegnérs dikt Karl XII från 1818:

"Kung Karl den unge hjälte,

Magasinerad

"Snart kommer ingen längre att veta vad hon talar om, vem hon var." Så skriver Malin Ullgren i DN om författaren Annie Ernaux, född 1940 och jag känner mig träffad. Jag föddes samma år som Annie Ernaux och snart kommer ingen att veta vem jag var! Ingen kommer heller att förstå den värld jag växte upp i. Redan i dag frågar yngre människor mig om jag är född på 1800-talet, när de läser om min barndom på ett litet jordbruk med tre kor, en gris och några höns långt inne i de värmländska skogarna. Det var självhushåll som gällde. Det enda vi handlade i lanthandeln var socker, salt, kaffe och te. Det fanns t o m ransoneringskuponger på kaffe under kriget de första åren på 40-talet.

Jag blev intresserad av Annie Ernaux och lånade tre böcker av henne på biblioteket: Skammen, Kvinnan och Sinnenas tid. Bibliotekarien var tvungen att hämta böckerna i magasinet och märka dem för att jag skulle kunna låna dem i apparaten. Också detta i linje med en kvinna född 1940! De finns i magasinen! Jag känner mig då och då som magasinerad, inte längre önskvärd uppe i den moderna världen. Än så länge kanske jag för en kort stund kan hämtas fram och märkas.

Nu har jag läst två av böckerna och känner igen mig. Annie Ernaux växte upp i en liten by i Normandie och i Skammen beskriver hon barndomen i enkel arbetarklass, de sociala regler och koder som gällde där och den underlägsenhet, skam och osäkerhet hon kände när hon förstod att hon tillhörde en lägre klass än klasskamraterna i privatskolan. Hon har precis som jag gjort klassresan med skammen kvar därinne. I boken Kvinnan skriver hon om sin mor och om hur hon vill lära känna henne efter hennes död. Jag har samma tankar om min mor som är död sedan länge. Ernaux har många minnessaker kvar från modern men jag har nästan ingenting, då min mor städade bort allt innan hon dog. Jag tänker ofta på min mor och undrar vem hon var och skulle vilja skriva om henne men får ingen riktig bild. Jag hann aldrig lära känna henne då jag gav mig av hemifrån redan i tonåren.

Parallellt med böckerna av Ernaux läser jag Vägen till ofrihet av Timothy Snyder. Det är en skrämmande skildring av vår nutid och om vart vi är på väg. Nationalismen och populismen är på väg att ta över demokratin. Ryssland med Putin i spetsen leds av fascistiska filosofer som talar om eviga värden och som vill upplösa västvärldens stater och värderingar. Putin lärde sig av filosofen Iljin att "den som fuskar vinner". Vad har västvärlden att sätta emot? Trump eller Orban?

Våroro

Jag plockade i dag den 17 april de först vitsipporna, som nu står i en liten vas på mitt köksbord. När jag satt på bänken i skogsbrynet fick jag också syn på den första sädesärlan för i år. Den satt och solade sig på en trädgren och viftade med sin långa stjärt. Skäggdoppingparet i sjön har inte börjat sin spektakulära parningsdans ännu utan simmar lugnt bredvid varandra. Skatorna bygger på sitt bo.

Oron för allt och för det okända finns kvar inom mig och när jag hittar en mening i Pappaklausulen av Jonas Hassen Khemiri, som jag just nu läser, känner jag mig träffad. En mor säger till sin son som oroat sig för att hon inte skulle komma hem igen: "Du behöver inte oroa dig. Det är inte upp till dig att hålla ihop världen." Jag försöker intala mig att det är högfärdigt att tro att jag ska ordna allt och ta ansvar för allt.

I dag den 23 april är det 16 grader varmt kl halv åtta då jag går ut. Björkarna har musöron och det gröna sprider sig. Nu ser jag skäggdoppingarna igen och nu har de börjat sin parningslek. De simmar mitt emot varandra, höjer halsarna och skakar sina huvuden. När jag sitter på bänken i skogsgläntan ser jag tre harar på åkern. Om de leker eller fajtas vet jag inte men livligt är det. Jag hör ett ljudligt flöjtande. Kan det vara koltrasten jag hör för första gången i år?

Nu ska jag sätta mig med Nietzsche igen. Vill skriva en uppsats om honom till filosofikursen men måste läsa in mig först. Den ska handla om Vivo ergo sum (Jag lever alltså är jag). Nietzsche polemiserar mot Cogito ergo sum (Jag tänker alltså är jag), som myntades av Descartes. Att bejaka livet, bejaka kroppsligheten och se kroppen som det stora förnuftet är viktigt för Nietzsche. Intellektet skapar en fiktiv världsbild och sanningen är den minst effektiva kunskapsformen enligt honom. Hans kunskapssyn är något helt annat än vad jag lärt mig. Vetenskap, kunskap och sanning har varit en objektiv grund för mitt liv och för mitt arbete. Nietzsche menar att det finns en sanning som vi inte står ut med, nämligen att världen är sken och inte sanning och att meningen inte finns.

Där ligger nog min oro och jag önskar att jag kunde ta till mig litet av Nietzsches syn på livet och bli den jag är, som han uttrycker det. Svårt dock, då jag knappast vet vem jag är.

Oron i naturen just nu är positiv och framåtsyftande. Det ska bli nya liv. Jag försöker lära mig att se min oro så, men lyckas inte så bra. Kan Nietzsche lära mig något om livet?

I dag den 25 april såg jag och hörde koltrasten i toppen av björken ljudligt sjunga ut sin klangfulla sång. Stod en stund stilla och lät andra koltrastar springa runt mina fötter. Underligt nog är de inte rädda utan stannar alldeles nära och tittar på mig. Jag ser också flera humlor i gräset, myrorna svärmar runt i stacken och bofinken sitter alldeles nära på en gren och sjunger. Alla måste få finnas och leva upp under våren. Alla behövs i naturens kretslopp. Den enda som inte behövs är jag, som tillsammans med hela mänskligheten förstör vårt klot och utarmar våra arter.

Så tycker inte filosofen Torbjörn Tännsjö i en artikel i DN (23 april 2019) Arter har inget värde som sådant, skriver han. Det enda som gäller är att maximera vår lycka och sätta nya lyckliga individer till världen. Vi bör hela tiden bli flera människor på vårt klot och hålla igång så länge som möjligt, i generation efter generation, skriver han. De flesta andra filosofer skriver om att den mänskliga befolkningen måste minska och att det vore bättre utan oss. Tännsjö förklarar dock inte hur vi ska bli lyckliga på en överbefolkad och förstörd jord. Jag begriper mig nog inte på hans utilitaristiska filosofi, som handlar om att maximera lyckan genom att vi blir allt flera på jorden.

Hur ska jag kunna undgå den mörka oron i denna värld då jag hör vad som händer runt om. Över 300 människor döda i terrorattentat i Sri Lanka, översvämningar på många ställen och nu börjar bränderna igen i Sverige. En kort stunds vila i skogsgläntan med koltrastsång kan kanske ge kraft att gå vidare? Naturen tycks ha en framtid just nu.

Livet åter

Vinterkläder åker fram igen för att jag inte ska frysa på min morgonpromenad. Det har säkert varit köldgrader i natt men solen skiner och grönskan har brett ut sig. Maskrosorna täcker dikeskanterna och när jag sitter på min bänk i skogsgläntan ser jag bofinken, som sjunger för full hals sin karaktäristiska sång. Den stiliga korpen svingar runt på stora vingar och sätter sig i ett träd alldeles nära. Harsläktet måste ha förökat sig på sista tiden, för varje morgon ser jag en eller ibland flera harar som leker eller om de slåss. Snabbt skuttar de iväg när de får syn på mig, kommer inte ihåg att jag förr om åren sett så många. Fem grågäss har hållit till på åkern i flera dagar. Jag undrar vart de är på väg. Gullvivorna tittar fram men de är små och det verkar nästan som om de inte vill komma fram i kylan, som om de försöker dölja sig nere i gräset. Liljekonvaljernas bladverk har kommit upp men inte blommorna.

Jag lyssnar på radion i mina lurar och där nämner man en växt som just nu ska ha kommit fram, nämligen nagelört, som jag slår upp i floran då jag kommer hem. Ska leta efter den i morgon. Nu måste jag börja repetera namnen på växterna, glömmer många under vintern. Likaväl som jag vill ha namn på människor, vill jag har namn på växter och djur för att lära känna dem bättre, komma dem närmare.

Det är livet som kommer tillbaka i naturen. Det var också livet som gjorde att jag fastande för att skriva min uppsats om Nietzsche. Hans grundrecept för en filosof är att denna ska vara en riktig människa och att filosofin ska handla om livet. På ett ofta poetiskt och vackert språk beskriver han hur vi människor döljer oss och våra liv bakom tro på vetenskap och sanning, som är illusioner enligt honom. Med hjälp av språket som han beskriver som en nervretning som blir en bild och till sist ett ljud, beskriver vi verkligheten. Det finns dock inte någon som helst garanti att denna beskrivning skulle utgöra en objektiv spegel av verkligheten. Världen är ofantligt mycket rikare än den stelnade bild som vårt språk och vår tanke återger. Vår tro på vetenskapen och sanningen begränsar våra liv, passiviserar oss och vår skapande förmåga. Vi stänger in vår passion, vår vilja och vår kraft och glömmer bort att riktigt leva våra liv. I sin bok Den glada vetenskapen skrev Nietzsche: Kanske kommer skrattet då att ha slutit förbund med visheten, kanske finns det då ingenting annat än "glad vetenskap".

Nietzsche är svår och mångtydig, så ju mer jag läser desto mer förvirrad blir jag. Skönt dock att forskarna nu är överens om att han inte alls var nazist och antisemit. Det var hans syster Elisabeth, hängiven antisemit, som efter hans död förfalskade och omredigerade hans texter, som sedan användes av nazisterna.

Erövra glädjen

Hur röstade jag i EU-valet 1994? Jag kommer ihåg att jag hade mycket svårt att bestämma mig och är inte säker på hur det blev. Jag letar i min dagbok från det året och hittar till sist en kort anteckning om att jag röstade för EU "pragmatiskt", vad jag nu menade med det? Inte ideologiskt kanske vilket jag brukade göra. När jag ändå är inne i dagboken fortsätter jag att läsa. Jag hade ett krävande jobb som rektor och mådde inte så bra, skrev en hel sida om vad jag önskade mig av de närmaste tio åren: Ett fritt arbete med att skriva och genomföra projekt. Ett hus på landet vid havet. En fritid för att hinna läsa och gå på teater. Vill läsa filosofi och franska. Och så en särbo!

Det som slår mig att flera av dessa önskemål har blivit verklighet, även om det tog längre än tio år. Jag har nu som pensionär tid att skriva, att läsa och gå på teater. Jag hade under ca 15 år ett hus vid havet som nu min son tagit över. Jag har läst filosofi i många år. Ingen särbo och ingen franska dock. Lönar det sig att önska något av framtiden även nu, då den inte är så lång som 1994?

Jag gör ett försök. Inspirerad av Bodil Malmsten vars diktsamling Inte med den eld jag har nu vill jag:

> *"erövra glädjen eller dö.*
> *Den lätta glädjen som gör döden möjlig*
> *den lätta rörelsen på avstånd -*
> *Glädjens jävla plikt."*

Att få känna glädje några korta stunder. Att kunna fortsätta skriva och kanske samla ihop till ett par böcker till, som ingen läser mer än jag. Bodil Malmsten skriver också om att hon vill stiga ut ur musslan och det skulle jag också vilja, inte låtsas vara någon annan än jag är. Öppna skalet och visa innanmätet. Hon blev 71 år, dog 2016 av cancer. Jag är äldre men överlevde min cancer denna gång. Borde vara glad.

Filosofen Nietzsche blev bara 56 år och var galen de sista åren av sitt liv. Jag har just skickat min uppsats om honom till min lärare. Jag ville läsa honom eftersom han skriver att filosofi för honom är en livskunskap, ett sätt att hantera livet. En filosof är enligt honom inte bara en tänkare utan också en människa. Nietzsche har omvärderats många gånger. Länge ansågs han som en inspiratör till Hitler men de flesta anser i dag att den skrift om Viljan till makt som Hitler läste var en förfalskning, som Nietzsches syster färdigställde efter hans död. Hon var gift med en nazist och var själv antisemit.

Jag har nu läst ett antal av Nietzsches verk och han är mångtydig och motsägelsefull ibland men mest handlar det om en kritik av det dåvarande samhället, av vetenskapen, den eviga sanningen och religionen. En del av hans kritik gäller ännu i dag. Han frågar sig Hur man blir den man är och svarar att man för att hantera livet och alla svårigheter, måste lära sig leka och inte bara uthärda det nödvändiga utan älska det. "En människa kan aldrig nå högre, än när hon inte vet vart hennes väg leder henne." Det handlar om att inse livets alla svårigheter och lidanden och ändå ibland kunna skratta.

Detta önskar jag mig! Korta stunder av glädje!

Att se den andre

Vi stod en stund och tittade varandra i ögonen, den välsvansade räven och jag. Jag har sett honom några mornar men han brukar springa så snart han ser mig. Nu tvärstannade jag och stod blickstilla och då stod han kvar. En djurisk upplevelse att byta blick med en räv. Men hararna springer blixtsnabbt då jag kommer. Rådjuren däremot brukar stanna en stund och titta, innan de vänder sin vita bak mot mig. Vissa dagar har denna ordlösa kommunikation med djuren varit min enda levande kontakt under en

dag. I morse satt också en bofink på en sten nära mig
och sjöng så att den lilla kroppen skakade.

Jag har just läst ut Morgon i Jenin av Susan Abulhawa.
Boken handlar om en palestinsk släkt som då Israel
bildas år 1948, fördrivs från sin by för att leva i ett
flyktingläger i Jenin. I tumultet då detta sker rycks
en baby från sin palestinska mamma av en judisk
man, vars hustru överlevt förintelsen och inte kan få
barn. Hon tar emot barnet, som hon kallar David.
Barnets palestinska namn är Ismael. Han har en bror
Yousef som blir kvar i flyktinglägret och en yngre
syster Amal som vi sedan får följa ända till 2002.
Det är en oerhört grym berättelse, där de flesta i den
palestinska släkten blir dödade. Det är väl kanske
oundvikligt att boken blir ensidig och mest står på
den palestinska sidan, även om författarinnan med
historien om David, som så småningom konfronteras
med sin bakgrund, även ger en blid av israelerna.
Det grymma uppvägs av den kärlek och glädje som
ändå finns mellan människorna i flyktinglägret och
den vardag som ändå levs. Dessutom är boken
spännande. Hur ska det gå för Amal, för Yousef och
David?

Detta är en bok jag inte glömmer, har aldrig förut
läst om Palestina inifrån, mera om Israel. Nu plockar
jag fram boken Status Quo? Av Matts Mattsson. Den
handlar om ockupation, motstånd och solidaritet i
Palestina och Israel. Jag letar också i mina bokhyllor

efter Amoz Oz Hur man botar en fanatiker. Jag måste lära mig mera om denna konflikt som inte verkar ha någon lösning efter alla år.

Jag hittar Amos Oz bok och kommer ihåg att han dog förra året 79 år gammal i cancer. Den lilla boken kom ut 2006 och jag läste den då men läser nu om den. Han menar att krisen i Mellanöstern handlar om den urgamla striden mellan fanatism och pragmatism, mellan fanatism och pluralism och mellan fanatism och tolerans. Han beskriver fanatikerna på båda sidor som skriker och aldrig lyssnar på varandra, människor som inte är något annat än utropstecken på två ben! De kan bara räkna till ett, två är en alltför komplicerad siffra för dem. Och den israelisk- palestinska konflikten är inte en religiös konflikt utan en konflikt om övertygande anspråk på samma lilla land. Och jag tror att den kan lösas, skriver han. Hans botemedel mot fanatism är humor, förmågan att skratta åt sig själv, förmågan att tänka sig in i den andres situation, se den andre och individens rätt att vara en halvö, inte en ö för sig själv. Han är kritisk till både den israeliska och palestinska ledningen och hans lösning är två stater. Och kompromissen är den enda vägen enligt honom.

Det känns befriande att läsa den tunna lilla boken. Och jag får bekräftat vad jag lärt för länge sedan: för god samvaro mellan levande varelser krävs att man ser varandra och kan skratta åt sig själv och världens alla tokigheter. Räven skrattar nog åt den gamla tanten som står där stilla en tidig morgon i skogen.

Kapitel 9

Nya bekantskaper

Juni-juli 2019

Så vacker den är, tänker jag och tar fram mobilen för att försöka ta ett kort. Det blir inte så bra, då den vackra insekten är så liten, bara några millimeter stor, där den sitter bland hundkäxens blommor och lyser med ränder i svart och rött. Runt omkring den sitter massor av prickiga nyckelpigor. Jag har aldrig förut under alla år funderat över vilka insekter som finns. Kanske har jag ibland noterat en vacker fjäril, den första humlan och stått och studerat myrornas liv i stacken. Nu har jag fått en liten inblick i dessa varelsers mycket spännande liv genom att börja läsa Insekternas planet av Anne Sverdrup-Tygeson. Om småkrypen vi inte kan leva utan, är underrubriken på boken.

Nu i dessa tider då miljön och klimatet på vårt klot hotas på olika sätt, har frågan om alla levande varelsers del i våra liv blivit en viktig fråga. Vi hänger ju alla ihop på något sätt och klarar oss inte utan varandra. Jo, klotet klarar sig utan oss människor men vi klarar oss inte utan andra levande varelser. Jag gick förbi bokhandeln häromdagen och kunde inte låta bli att köpa denna bok som de skyltade med och som jag läst positivt om. Nu har jag bara börjat läsa men detta är nog en av de mest fascinerande böcker jag läst på länge. Det finns flera insekter på vår jord än vad det finns sandkorn på alla världen stränder och de fanns långt före människan, som ju bara är 200 000 år gammal. De första insekterna såg dagens ljus för 479 miljoner år sedan och de såg dinosaurerna komma och gå.

Vad är en insekt? Jag lär mig att det är en tredelad varelse som har sex ben, fyra vingar och två antenner. Och jag studerar den vackra insekten på hundkäxet och ser att det kanske stämmer men vad heter den? Jag går hem och sätter mig genast och googlar och tror att jag hittat den bland alla fantastiska och färggranna varelser. Den heter strimlus (Graphosoma lineatum på latin) och är Södermanlands landskapsinsekt. Den tillhör skinnbaggarna men kallas också bärfis.

Den är en av alla dessa helt otroliga varelser. Några andas med sugrör, andra har öron på benen, ytterligare andra utför snoppmusik med magen som strängar och penis som fiolstråke eller smakar med benen som husflugan. Jag har bara hunnit till sidan 60 av 183 men förundras mer för varje sida.

På min tidiga promenad denna morgon glömmer jag nästan bort de andra varelser som jag brukar hälsa på, hararna som ligger och vilar på åkern, korpen som kraxar bland träden och en svan som visar sig på sjön. Men ännu ingen näktergal, hur kan det komma sig? Jag undrar var fåren är och ser sedan att de alla ligger i skuggan under träden. Ja, det är varmt i dag, speciellt med päls.

Effektivitet

Effektivisera! Ordet är vanligt förekommande i dag. I den verksamhetsplan 2020 för min kommun som jag just läst, finns det på var och varannan sida. Hur denna effektivitet ska gå till förklaras inte, bara att det ska bli billigare, så att förhoppningsvis skatten ska kunna sänkas. All välfärd ska effektiviseras, vilket väl bara kan betyda att personalen ska minskas eller att ska de jobba fortare?

På väg till nämndmötet i går gick jag förbi biblioteket och gick in för att se om några nya böcker kommit in. Precis som på beställning såg jag att filosofen Jonna Bornemarks bok Det omätbaras renässans som jag länge tänkt läsa, stod där. Den handlar just om hur vi håller på att effektivisera vårt samhälle bl a med hjälp av New Public Management. Hon kallar vår tid för mätbarhetens tidsålder, där vi löser våra problem genom att spalta upp, kvantifiera och beräkna. Effektivitet, kvalitetssäkring och evidensbasering ekar i våra styrdokument. Med hjälp av några filosofer försöker hon beskriva denna samtid, som hon menar är en reducering av människan och det levande. Ska bli spännande att läsa!

Parallellt fortsätter jag med Insekternas planet och blir allt mera fascinerad av dessa miljoner varelser. Har just läst om hur många av dem är naturens vaktmästarpatrull. Tusentals insekter och svampar gör ett livsviktigt jobb genom att bryta ner dött organiskt material. De äter upp skräp på ort och ställe. De tuggar i sig torra träd, ruttna rester och städar undan skit och döda växter och djur. Allt detta skulle vi vada i om inte insekterna tog hand om det. Tala om effektivitet!

Nämndmötet som jag bevistade kan väl inte sägas lida av effektivitet. Några personer ska alltid förlänga mötet genom att visa sig duktiga med små anföranden, som egentligen inte tillför frågan något väsentligt. Och det är alltid samma personer. Annars gick det ganska snabbt denna gång. Ordföranden är effektiv.

Varför är effektivitet så viktigt i dag? Varför ska vi ha så bråttom? Vi ska ju alla dö förr eller senare och borde kunna ta det lugnt och inte jäkta oss genom det korta livet. Fast det är skillnad på effektivitet och effektivitet. Att snabbt klara av något tråkigt som ändå måste göras kan kännas bra men jag måste inte alltid gå så fort och ha så bråttom! Jag har ju all tid i världen som pensionär eller så har jag inte det, men det vet jag inget om och skulle må bättre av att vara litet lat ibland. Jag går visserligen ganska fort på mina morgonpromenader men kan också stanna till en lång stund och som i morse betrakta de vackra svart- och rödrandiga strimlössen på hundkäxen, som lagt ihop sig två och två. De höll på i går också! Kanske är det kärleksmöten? Och sådana får ta tid.

Värde och värdighet

Dina värden är riktigt bra, sa läkaren. Inget visar på cancer. Men svettningarna då? sa jag. Du får stå ut tills det gått två år efter att du botats från cancern, då kanske jag kan ge dig östrogen, sa han. Och hur är det med att jag mist både smak och lukt, frågade jag. Inget att göra åt, sa han. Cellgifterna har tagit dina slemhinnor. Ok, jag får väl finna mig i det, då jag i alla fall överlevt hittills, sa jag.

På hemvägen funderade jag på detta med värden. Jag har alltså bra värden! Vad är jag värd? När det gäller ekonomiska värden så är jag inget värd, snarare en belastning som gammal pensionär och beroende av sjukvårdens kontroller.

Jag har just läst filosofen Jonna Bornemarks bok om Det omätbaras renässans som handlar om att allt ska kunna mätas, utvärderas och följas upp. Detta innebär att endast det kroppsliga blir viktigt då vi kan sätta siffror på detta men den s k själen, medvetandet och känslorna inte går att kvantifiera och inte blir viktiga. Siffrorna ska sedan översättas i pengar i det system som kallas värdebaserad vård inom New Public Management. Bornemark drar paralleler till filosofen Descartes (han som dog av lunginflammation hos drottning Kristina på Stockholms slott 1650), vars uppdelning av kropp och själ den moderna människan har ärvt. Det kroppsliga är mer verkligt än det själsliga, som inte kan kontrolleras. Det är detta som leder till den utmattningsepidemi som brutit ut i vårt samhälle. Detta handlar inte bara om fysisk utan också av etisk stress, vilket Bornemark förklarar som att det handlar om människovärdet, då både personal och patienter behandlas som maskiner och inte som människor.

I Sverige blir ca 70 000 människor sjukskrivna varje år för utmattning, skriver Bob Hansson i en liten bok Tankar för dagen som jag just köpt. Europas 12 miljoner utbrända skulle kunna utgöra ett hot mot prestationssamhället. Om det inte vore för att det ligger i de utbrändas natur att inte göra så mycket väsen av sig, skriver han.

Jag kan alltså konstatera att jag har bra värden men inget värde! Det går inte att sätta några positiva ekonomiska siffror på mig. Hur ska det då gå att åldras med värdighet, som det sägs? Jag är inte utbränd men jag gör inget väsen av mig. Kanske ska jag börja ställa till med litet oväsen? Kanske ska jag göra slut med Jante? Han/hon har förföljt mig hela livet. Jag ska gå med rak rygg, så gott det går med mina stela leder, och visa att jag finns och att jag tänker leva ett tag till!

Antropocen och naturen

Naturen runt min morgonväg är lysande gul med några vita och blå inslag. Visserligen har de praktfulla ryssgubbarna blommat ut men nu är det gulmåran, johannisörten och sommargyllen som färgar vägkanten gul. Några blåklockor och prästkragar lyser i det gula och den röda vallmon finns sparsamt på ett par ställen. Kommer att tänka på den svenska flaggan i gult och blått. Har det något med vår natur att göra? Googlar när jag kommer hem och finner att inget sådant sammanhang finns. Blått och gult har funnits i svenska kungavapen sedan före medeltiden och det gula var ursprungligen ett lejon. Lejon i Sverige?

Jag går förbi bondgården och alla kor utom en vilar och idisslar och hästarna verkar alldeles utslagna med de stora kropparna liggande raklånga på marken. Fåren däremot äter ivrigt sin frukost.

Är jag i gång tidigare än djuren nu vid sjutiden? Sothönsparet vid sjökanten är dock i full gång med sina fyra ungar och de fyra svanarna ute på sjön bråkar med varandra så att vattnet sprutar runt dem. De biter och trycker ner varandra. Leker de eller är de ovänner? Jag står länge och betraktar skådespelet men till sist slutar de, skakar på sig, putsar fjädrarna och simmar var och en för sig.

Som vanligt känner jag mig utanför naturen. Jag är
på besök medan växter och djur är på hemmaplan.
Jag är ett djur men är jag natur? Jag har just
börjat läsa en spännande bok: Antropocen av
miljöhistorikern Sverker Sörlin. Antropos betyder
människa och antropocen är människans tidsålder.
Är detta ett positivt uttryck, att människan tagit
över jorden? Många forskare menar att vi med
teknik och vetenskap gjort jorden till en bra plats
för människan medan andra menar att människan
håller på att förstöra vårt klot. Plasten tar över haven,
översvämningar och hetta plågar oss, mångfalden av
växter och djur i naturen minskar. Om antropocen
ska bli en tidsålder för både människor och natur
måste det innebära att vi som tagit över, tar ansvar
för framtiden. "Är vi på väg att upprätta det jordiska
paradiset? Eller är antropocen dess motsats – helvetet
på jorden, eftersom människorna styr och inte längre
Gud eller naturen? Är det Gehenna? skriver Sverker
Sörlin.

När jag kommer hem sätter jag mig på balkongen.
Tornseglarna gör sina konstfulla seglingar på himlen.
Det är som uppvisningar av yppersta klass. Jag har
läst mig till att de lever hela sitt liv i luften, då de
inte har ben och fötter som kan förflytta dem på
marken. Jag har sett att de flyger in i mellanrum på
höghuset mittemot och antar att de där har sina bon.
Den väl fungerande naturen finns runt mig men hur
fungerar jag? Jag går runt och betraktar, tar ibland

med mig en växt hem för att läsa om den i floran och få ett namn på den. Jag studerar fågelboken för att få veta mera om de fåglar jag ser och hör. Jag känner mig ändå en aning mera hemma i naturen när jag kan sätta namn på växter och djur. Hur ska jag förhålla mig till att jag tillhör den art som håller på att förstöra alla andra arter?

Människan i naturen

Oj, där gör det riktigt ont, gnäller jag när naprapaten trycker på en punkt på min högra vadmuskel. Jag ligger i hennes trånga rum på en brits och blir masserad och behandlad med någon slags hammare. För att försöka avleda mig själv från smärtan, betraktar jag den stora bilden av ett människoskelett på väggen. - Vilket underverk människan ändå är, säger jag. Tänk att jag snart levt 80 år med alla dessa ben ganska oförstörda. Jag kan röra dem precis som meningen är med konstruktionen, även om det går långsammare nu än i ungdomen. Att jag nu har en aning spända muskler i ena benet är ju en bagatell!

Morgonen därpå står jag i min hall och stretchar innan jag går min runda. Det är inte så många nya spännande upptäckter denna morgon, för jag har redan kartlagt och antecknat alla nya blommor som kommit under försommaren. Nu vissnar flera av dem och det är snart bara den rikligt förekommande gulmåran som pryder vägrenen. Jag måste nog börja lära mig gräs om jag ska hitta något nytt men det är mycket svårt för en amatör som mig. Det finns hur många gräsarter som helst och de är svåra att skilja åt.

Inga harar och inga rådjur heller denna morgon, bara korna, hästarna och fåren på gården. Koltrastens sång som nu är riktigt ekvilibristisk, hörs i den vanliga dungen bredvid stigen. Fåglarna har sina revir liksom de flesta djur och den här koltrasten har funnits på samma ställe hela våren. Jag inbillar mig i alla fall att det är samma individ. Det gäller att njuta av sången så länge som möjligt för nu är häckningstiden över och koltrasthanen behöver inte längre locka på honan. Bofinken har jag inte hört på ett tag. Det blir tystare i skogen.

Jag skrev för en tid sedan om att jag inte hör hemma i naturen, att människan är en speciell art som inte ingår i naturens kretslopp. Jag får nog omvärdera detta efter att nu ha läst ut boken Antropocen av Sverker Sörlin. Forskare har kommit fram till att världen behöver ett nytt namn för en ny tid, antropocen, människans tidsålder. Det finns dock olika åsikter om när denna tidsålder ska anses ta sin början. Några menar att det är då industrialiseringen började, andra att det handlar om när radioaktivitet eller plast och sot och andra miljöförstörande ämnen började spridas. Sörlin beskriver hur man skilt på kultur och natur. Naturen är något därute som människan använder sig av för sina framsteg. Och visst har vi nått framsteg men till vilket pris? Sörlin avslutar sin bok med klara och starka fördömanden av den världsordning vi har i dag, där människorna är som en summa av vilddjur som förtär världen. Vi är djur som ingår i naturens kretslopp men det har vi inte accepterat utan tagit över med katastrofalt resultat. Sörlin frågar om antropocen borde betyda att vi nu tar ansvar för vad vi gjort med jorden?

Jag vill betrakta människan som en invånare i eller som en del av naturen, snarare än en samhällsmedlem, skriver Henry David Thoreau i Konsten att vandra, denne man som vandrade fyra timmar varje dag i skogarna kring Concord i Massachusetts vid mitten av 1800-talet. Jag kan inte stanna i mitt rum en enda dag utan att rosta till litet, skriver han och jag känner igen mig, även om jag bara går i en eller två timmar om dagen.

Thoreau skriver dagbok liksom jag gör och den 21 februari 1842 skriver han: Jag måste erkänna att ingenting förefaller mig så egendomligt som min egen kropp. Jo, så är det tänker jag, där jag ligger hos naprapaten och betraktar skelettplanschen.

I källaren
Många människor bor i sina egna källare och det är en svår mental övning att ta sig upp i övervåningen. Så skrev Kierkegaard en gång och jag känner igen mig. Jag är instängd i mig själv och kan inte ta mig ut.

Någon enstaka gång orkar jag ta mig uppför trappan till övervåningen och hitta något nytt utanför mig. En ny blick på mig själv som ger mig bilder av ett nytt sammanhang.

Det kan vara mötet med en annan människa som ser mig och kan ge mig en annan bild av mig och också en annan bild av hur det kan vara att leva däruppe. Detta händer inte ofta.

Det kan också vara som i går kväll när jag satt framför TV:n och såg femtioårsfirandet av den första månfärden. Jag såg det lilla blå jordklotet utifrån och där fanns jag. Då när bilden togs från månen, var jag 29 år, jobbade som lärare, var gift och hade en femårig son. Ingen dagbok. Inga minnen. Men jag fanns. Och all oro försvann. Jag har inget att oroa mig för, är bara en liten, liten prick i det stora.

Nu är jag förstås orolig igen, ska ju resa i morgon. Ordet resfeber lärde jag mig som mycket liten. Min mamma sa att jag led av det när vi skulle resa någonstans. Jag tycker ofta att jag är förnuftig men förnuftet kan inte tygla min resoro. Nu sitter jag därnere i källaren och tänker på allt som kan inträffa på min resa. Och det är inte litet, min fantasi blommar ut. Jag hinner inte med tåget, som också blir försenat så att jag inte hinner med bussen i Borlänge.

Här finns faktiskt ett sanningens korn, då jag på min resa förra veckan blev en hel timme försenad, så att mina vänner fick hämta upp mig!

Jag läser just nu en skrämmande bok Binas historia som utspelar sig i Kina 2098, i England 1852 och i USA 2007. Den handlar om nyckeln till människans överlevnad. Utan bin är människan förlorad. 2098 har katastrofen inträffat, bina är utdöda, svält och världskrig följer. För att ändå få något att äta tvingas människor handpollinera fruktträd alla dagar i veckan.

Nu har jag lyckats kravla mig upp en bit från källaren och ser i alla fall en strimma av ljus däruppe. Resan gick bra även om det var alldeles för varmt och jag inte mådde så bra. Bodde på tre olika hotell, besökte min enda kusin på pappas sida (förutom en amerikansk som jag inte vet något om). Besökte också min barndoms gård och min barndoms sjö och doppade fötterna. Tittade till mina föräldrars grav. Knäböjde framför altaret i min konfirmationskyrka utan att vara det minst kyrklig och troende. Vackert var det. Nostalgiresan var påfrestande men nödvändig.

Hemma nu sedan några dagar och har hunnit med en trädgårdslunch med några gamla arbetskamrater, ett läkarbesök, morgonpromenader och biblioteksbesök. Lånade dikter av Claes Andersson, finlandssvensk poet som just avlidit och en bok av Virginia Woolf: Författarlivet.

Kapitel 10

En dag i taget

Augusti-september 2019

Jag går omkring och talar med mig själv om att försöka ta en dag i taget. Medvetet använder jag inte uttrycket Carpe diem, som innebär att man ska njuta av varje dag och det vill jag förstås men mitt problem är annorlunda. Jag vill bli av med min stora oro för allt och vill sluta med det eviga planerandet och kontrollerandet av allt som ska komma i morgon och alla dagar framöver allt intill min död! Allt detta är emot mitt förnuft som säger att jag inte har något att oroa mig för. Detta hjälper inte och det beror på min hjärna, har jag lärt mig nu, när jag läser boken Hjärnan är stjärnan av Kaja Nordengen, en hjärnforskare från Oslo. Visserligen äter jag tabletter som ska öka min serotoninhalt i hjärnan för att jag ska få sinnesro och optimism, men det verkar inte hjälpa på mig. Det fungerar helt enkelt inte för alla, skriver hjärnforskaren. Jag förstår också att jag har en mycket aktiv amygdala, den så kallade mandelhjärnan som tillhör den mest primitiva delen av vår hjärna. Den är säte för våra känslor och vår rädsla. Jag läser också att deprimerade människor lever kortare liv än de som inte är det. Författarinnan försöker trösta mig med att man kan bli glad igen av fysik träning och samtalsterapi om inte tabletterna hjälper. Jag promenerar minst en timme varje dag och har också ägnat mig åt samtalsterapi. Vad mer finns att göra?

I går gjorde jag en utflykt. Har tagit tag i en gammal idé om att jag ska besöka huvudorterna i alla 27 kommunerna i Stockholms län. När jag räknar efter har jag bara besökt ca hälften under mina drygt trettio år här i länet. Nu satte jag mig med kartan och bestämde mig för Jakobsberg i Järfälla kommun. Bussen dit tog nästan en timme och var en sightseeing av en stor del av nordvästra Stockholm, platser jag aldrig sett förut. Hållplatsnamn som Grönlandsgången, Trondheimsgatan, Stavangergatan, Kontovägen och Frihetsvägen satte igång fantasin. Varför Grönland och Norge och vilket Konto? När jag kom in i Jakobsbergs centrum kunde jag konstatera att det var till förvillelse likt alla andra centrum med samma H M, Åhléns, Twilfit, apotek och systembolag i all oändlighet. Dock fanns mitt i tristessen ett mycket fint bibliotek med ett konstgalleri. Där fanns den bok som jag tänkt köpa eller låna: Varför världen inte finns av Markus Gabriel. Ska nog låna den på närmare håll, måste få veta varför världen inte finns.

Jag såg inget trevligt lunchställe i Jakobsberg och tog pendeln till Odenplan. Åt en superb räksallad med ett glas vitt vin på Tennstopet, en krog där jag ätit många goda middagar förr tillsammans med en gammal vän som nu är död. Hemma igen konstaterade jag att denna dag ändå blev ganska bra utan så mycket planerande.

Bättre förr?

Hilmas gula hus är sig likt fast mycket slitet, gardiner i fönstren visar att någon kanske bor där. Jag går förbi och tänker på alla gånger jag gått de få trappstegen in i affären och fram till disken. Vad jag skulle handla, stod på en lapp som mamma skrivit: strösocker, bitsocker, jäst, kaffe, kakao och bikarbonat. Jag packade varorna i min väska, Hilma slog in summan i kassaapparaten, jag betalade och fick ett kvitto, som skulle sparas för att sedan ge återbäring en gång om året.

Varför handlade jag hos Hilma och nästan aldrig hos Magnusson? Det gröna huset finns också kvar men verkar förfallet, som om ingen målat det sedan 40-talet. Litet längre bort går jag förbi det lilla röda huset som var Konsumbutik och mittemot låg missionshuset, där jag gick i söndagsskolan. Nu finns inte spår av något missionshus. I stället finns ett nytt bostadshus på samma plats.

Jag möter inte en människa på min promenad genom Bäckalund, som var en central plats under min barndom. Där fanns affärerna och där låg skolan som nu är nedlagd. Jag fortsätter upp till Granhyddan, där jag såg mina första filmer. En av de första jag kommer i håg var Barnen från Frostmofjället. Dit gick jag också på dans många gånger. Det var spännande, skulle jag bli uppbjuden? Huset finns kvar men ser tomt och ödsligt ut.

Bäckalund var en märkvärdig plats för mig, som kom från ett litet jordbruk tre kilometer bort i skogen. Där fanns allt och alla som bodde där, vara finare än jag. Kerstin med sitt lockiga svarta hår bodde i en fin villa mitt i centrum och en gång fick jag följa med henne hem och titta på hennes dockskåp. När jag sedan, som den enda i min folkskoleklass, började i realskolan i Sunne, tänkte jag att jag minsann skulle bli fin jag också och gå med högburet huvud genom Bäckalund.

Jag håller inte huvudet så högt där jag går genom den folktomma byn. Det känns bara sorgligt. Jag har blivit gammal och min barndoms by är också gammal och till vissa delar förfallen.

Ännu en utflykt denna sommar visar mig att samhällen förändras och blir gamla i likhet med oss människor. Jag går genom Vansbro där jag ofta besökte min farmor på somrarna. Det ståtliga stationshuset står kvar och har blivit kulturmärkt men tågen har slutat gå. Den långa Järnvägsgatan är ödslig denna tidiga morgon. Nästan inga affärer finns kvar och husen ser halvt förfallna och ovårdade ut. Jag tar Allégatan tillbaka och där finns ändå både Coop, systembolag, apotek och ett konditori, som är öppet. Jag går in, beställer en kopp kaffe och en bulle och säger till flickan som serverar mig att det känns litet ödsligt i samhället. En aning förnärmad nämner hon att Vansbro visst håller på att leva upp igen, då ett stort företag håller på att bygga ett enormt lager. Det är ett företag som säljer skönhetsprodukter och flera hundra människor kommer att få arbete där, säger hon. Många som jag pratar med nämner likaså att Vansbro stadigt växer. Det är både bostadsbrist och arbetskraftsbrist nu, säger en kvinna på hotellet där jag bor. Det finns en framtid där. Jag är förstås lika gammal fortfarande men det är kanske smink som ska hjälpa mig också att få en vackrare framtid?

Många återblickar denna sommar. Sommaren 1958 jobbade jag som hjälp i matsalen på Sillegården i Västra Ämtervik. Jag läser i min lilla fickdagbok från det året att det var riktigt jobbigt, började kl. 8 på morgonen och serverade frukost, lunch och supé och "miljoner koppar kaffe" ända till kl. 1 på natten. Dagen därpå var det bröllopsmiddag och jag slutade kl. 11 på kvällen. "Jobbigaste jag någonsin upplevt", skriver jag och enligt dagboken "stortjöt" jag och var alldeles förtvivlad.

Enligt dagboken hann jag i alla fall roa mig mycket, ute och åkte bil, dansade och träffade killar, Bertil,

Staffan och Goj? som jag tydligen hängde ihop med ett tag men sedan "gjorde slut med". Jag badade i Fryken och "såg solen går upp". Jag noterar också lapidariskt: "Såg Selma Lagerlöf gå förbi." Det kan jag dock inte ha gjort då hon dog 1940! Undrar vem jag såg? Jag plockar fram det fina handskrivna Intyg jag fick av Margit Ärlingson, daterat den 27.7.58. "Hon utför sitt arbete mycket snabbt, ständigt glad och vänlig, därför omtyckt av våra gäster och av oss samtliga på Sillegården och rekommenderas på det varmaste till fortsatta arbetsuppgifter i livet," står det.

 Nu 61 år senare bor jag en natt på Sillegården, som fortfarande är pensionat och serverar god mat i den vackra restaurangen. Nu bor jag exklusivt ensam i ett litet hus som varit ateljé för de konstnärer som bott på gården. Golvet är fyllt av målarfläckar. Utsikten mot Fryken är berusande och jag har fönstret öppet hela natten. Alla som betjänar mig detta dygn är sommarjobbande ungdomar, liksom jag var en gång.

Varken bättre eller sämre förr, historien bara går vidare och jag med den.

Vi och de andra djuren

Jag går förbi gården och står en stund och betraktar den praktfulla tuppen som ivrig pickar i gräset utanför hönsgården. Han bryr sig inte om mig men kommunicerar då och då genom att lyfta huvudet och gala högljutt. En annan tupp befinner sig i en inhägnad på andra sidan hönsgården och svarar lika högljutt. Jag undrar om det är mig de varnar för? Hönorna i hönsgården kacklar och springer runt runt. Jag har just läst en bok om djurens känslor av Per Jensen, professor i etologi (läran om djurens beteende) och står och funderar på vad hönsen och tupparna signalerar till varandra. Jag tror mig ändå se att de har ett bra liv och får uttrycka sig som hönsfåglar vill. De får själva picka efter mat och de har pinnar att sova på, vilket är mycket viktigt för hönsfåglar sedan urminnes tider då det satt uppe i träden för att skydda sig från rovdjur.

De flesta höns i dag lever inte riktiga liv eftersom de endast ska förse oss människor med billig mat. Jensen berättar om hur det går till på de industriella kläckerierna. Först placeras äggen i jättelika ruvmaskiner där temperatur och fuktighet hålls på optimala nivåer. När kläckningen närmar sig flyttas äggen till kläckmaskiner med tusentals ägg i varje maskin. Fläktarna för ett öronbedövande liv och värre blir det när tusental kycklingar kommer ur äggen och piper intensivt. Maskinerna töms och kycklingarna körs på stora vagnar till ett band där könssortering sker. Tupparna hamnar in i en gaskammare med koldioxid som tar död på dem inom några minuter. Äggindustrin har ingen användning av tuppar. Därefter lastas hönorna på en lastbil och fraktas till en gård där de så småningom ska värpa våra frukostägg.

Man har i forskning studerat hjärnorna på vuxna hönor som växt upp hos sina mödrar och jämfört med hönor som växt upp industriellt och sett att de moderlösa fåglarnas hjärnor var mer asymmetriska och starkt skilde sig från de andras. Det är vanligt att man jämför en människa som beter sig dumt med en kacklande höna men Jensen visar att hönor inte är dumma. De har lika många gener som vi, de är mycket sociala flockdjur som är individer som känner igen varandra och t o m kan räkna, på så sätt att de kan skilja på antal och ha begrepp om vad ett nummer representerar. Jensen berättar om många spännande forskningsexperiment med höns, kor, grisar, får och fiskar. Grisar kan spela dataspel och fiskar har känslor som smärta, skräck och glädje. Boken får mig att bli än mer övertygad om att vi människor är de grymmaste och mest hänsynslösa djur som lever på jorden, trots att vi anser oss så medvetna och intelligenta.

Djur är både konstnärer och ingenjörer tänker jag en annan morgon då jag beundrar alla fantastiska spindelnät som ännu finns kvar efter en fuktig natt. De finns i hundratal i gräset vid vägkanten och ingen är den andra lik. Många är stora och konstfullt skapade medan andra är små och trassliga. Jag har läst att spindeltrådarna är sex gånger starkare än stål och dessutom biologiskt nedbrytbara. Ett tunt tyg av spindelsilke kan hejda en flygande projektil och kan används i skottsäkra västar. Det går inte att använda spindlar för storskalig silkesproduktion och därför försöker forskare komma på hur vi ska kunna tillverka dessa trådar på konstgjord väg för att använda i medicinen och för att framställa textilier.

Mina promenader i naturen ger mig varje dag nya tankar om allt levande på jorden som inte är människor och hur spännande det är och hur okunnig jag är om allt detta liv.

Meningen?

"Allting finns så när som på en sak: världen." Så skriver den tyske filosofen Markus Gabriel i sin bok: Varför världen inte finns. Jag läste en recension av boken och när jag fick syn på den på biblioteket, kunde jag inte låta bli att låna den, nyfiken på vad detta är för tokig filosof. Jag lever ju och jag finns i världen. Var finns jag annars?

Gabriel avfärdar de flesta filosofiska inriktningar, postmodernismen, konstruktivismen och även metafysiken och t o m vetenskapen. Fysiken är fördomsfull, skriver han och den store Kant har också fel. Gabriel förordar nyrealism men vad är det? Så här skriver han: Nyrealismen antar att tankar om fakta existerar med samma rätt som de fakta vi tänker på. Även allt som inte finns, finns men inte inom samma område. Älvor, häxor, allt som existerar finns någonstans om så bara i vår inbillning. Det finns föremålsområden, skriver han. Ett föremålsområde är ett område som innehåller en bestämd typ av föremål, varvid det finns regler som förbinder föremålen med varandra. Det kan vara vardagsrum, galaxer och kommunala myndigheter. Många föremålsområden är också talområden, något vi talar om.

Men vad är meningen med alltihopa? Den frågan har vi väl alla ställt oss någon gång. Även Gabriel ställer den frågan och använder sig av begreppet meningsfält, som är områden där något, bestämda föremål, framträder på ett bestämt sätt. Samma sak kan vara många olika meningsfält. Min hand kan vara ett virrvarr av atomer, ett konstverk eller ett verktyg. Utanför meningsfälten finns inga föremål eller fakta. Existens betyder att något framträder i meningsfält. Och världen är meningsfältet av alla meningsfält, det meningsfält där alla andra meningsfält framträder. Men Världen förekommer inte i världen! Gabriel använder flera sidor för att förklara detta som för mig förblir dunkelt.

Det jag frågar mig efter över 200 sidor med filosofiska ordvrängningar är om jag fått något svar på meningen med livet. Gabriel påstår på sidan 208: Svaret på frågan om livets mening ligger i meningen själv. Det finns oändligt många meningsfält som vi kan vinna kunskap om och förändra. Livets mening är livet självt med oändligt mycket mening som vi är delaktiga i. Boken slutar med följande ord: "Vi deltar alla tillsammans i en gigantisk expedition - från ingenstans har vi anlänt hit, och nu fortskrider vi tillsammans mot det oändliga."

Nu kan man fråga sig varför jag läser och skriver om denna bok som jag verkligen inte påstår att jag begripit i någon högre grad. Jag tror att det beror på min nyfikenhet på det dunkla och svårbegripliga som är världen och livet. Kan jag bli något litet klokare så är det värt besväret. Blev jag det? Nja, kanske inte men jag fick ett litet hopp om att jag kanske ännu kan öka min kunskap och förändra min verklighet.

Det tänker jag på när jag på morgonen läser min dagstidning. I morse fick jag veta att de styrande partierna bestämt att försvarsutgifterna ska öka till 64 miljarder 2020 och till 84 miljarder 2025. Jag tar då fram statsbudgeten för 2020 för att se hur stor del försvarsbudgeten innebär. Hela statsbudgeten för 2020 är 1057,5 miljarder. Hälsovård, sjukvård och social omsorg kostar 83 miljarder, utbildning och forskning 82,3 miljarder och ekonomisk trygghet vid ålderdom 35 miljarder. Om jag hade någon möjlighet att förändra skulle jag avskaffa det svenska försvaret och använda pengarna till vår välfärd i stället. Vi kan försvara oss en vecka med denna budget och sedan är vi ockuperade av främmande makt. Under denna vecka har många av oss och även av ockupanterna fått sätta livet till. Att överhuvudtaget använda våra resurser för att ta livet av varandra är för mig helt vansinnigt. Det visar bara på hur dåligt vi använder vårt mänskliga intellekt. Här skulle jag vilja skapa ett nytt meningsfält, som skulle innebära att använda våra mänskliga resurser för att ta oss fram på ett mera humant sätt "mot det oändliga".

Nu läser jag att de ökande försvarskostnaderna ska bekostas av en bankskatt. Ja, bankerna tjänar otroligt med pengar och kan gärna bidra men inte till vapen och soldater utan till vår välfärd som inte alltid är så "välfärdig" i dag.

Tyvärr kan jag inte ändra på statsbudgeten hur gärna jag än skulle vilja. Det budgetpolitiska meningsfältet är för mig ouppnåeligt.

Kapitel 11

Hur mår vi?

Oktober-december 2019

Hej, säger jag och stannar framför korna som kommer fram och tittar uppfordrande på mig. Vill ni komma in i lagårn? frågar jag och får bara ett dämpat råmande till svar. Det finns nästan inget gräs kvar att beta och nätterna börjar bli kalla. Visserligen kör bonden ut hö varje dag men det verkar inte hjälpa mot hemlängtan. Jag går förbi gården och möter kornas ägarinna och när jag frågar, bekräftar hon att hon nu snart måste låta korna komma in, annars kommer de att ta sig igenom stängslet och vandra hem till lagårn.

Klockan är halv åtta, det är några grader varmt och himlen är grå. Jag hade bråttom att komma ut på min morgonvandring, måste få svartalferna att lugna ner sig. Tabletterna hjälper inte och det har jag nu fått bekräftat i en bok som jag just läst: "Depression – det är inte bara du. Diagnos på ett omänskligt samhälle" av Johann Hari. Han har ätit antidepressiv medicin sedan han var arton år, allt högre doser då han inte blev bättre. Han gick upp i vikt och svettades ymnigt. Läkarna talade om för honom att hans depression berodde på att den kemiska substansen serotonin i hans hjärna måste fyllas på och detta skulle ske med hjälp av medicinen. Han var många år övertygad om att hans sjukdom satt i hjärnan.

Även mina läkare lever med den övertygelsen och skriver ut tabletter, som mest gläder läkemedelsföretagen. Hari skriver om hur läkemedelsföretagen framställer sina läkemedel i bästa dager och inte publicerar mer än 60 % av sina studier så att negativa rön är borttagna. I boken redovisar författaren några forskares studier av läkemedelsföretagens resultat. Ett preparat hade getts till 245 patienter med depression men endast 27 resultat publicerades: de 27 som läkemedlet tycktes fungera på. På en skala från 0 till 51 som inom vetenskapen mäter vidden av en människas depression, visade det säg att förbättringen av medicinen var 1,8 poäng, alltså knappast någon vettig effekt. Forskarnas granskning visade också att bieffekterna var ytterst påtagliga med viktuppgång, störd sexualdrift och grava svettningar.

Tänk om depression är någon slags sorg över att våra liv inte är som de borde vara, skriver Hari och tecknar sedan nio orsaker till depression, alltifrån bristen på mening och meningsfullt arbete till avstånd till andra människor och rädslan för framtiden. Han citerar också en indisk filosof som sagt : Det är inget mått på hälsa att vara välanpassad i ett sjukt samhälle. Även Världshälsoorganisationen har fastslagit orsakerna till psykisk ohälsa som en social indikation som kräver sociala och individuella lösningar. Vi måste gå ifrån att fokusera på kemisk obalans till att fokusera på maktobalans, skriver WHO. Till sist konstaterar författaren att den deprimerade inte behöver tabletter utan gemenskap, meningsfulla livsvärden, få känna sig respekterad, få finnas i naturen och se en trygg framtid.

Det talas och skrivs mycket om att vi har blivit ett alltmer individualistiskt samhälle. Alla ska förverkliga sig själv och singelhushållen är i vissa delar av Stockholms län 60 %. I det höghus där jag bor är en stor del ensamhushåll och det närmaste gemenskap vi kommer, är att vi kanske säger hej när vi möts.

Detta tänker jag då jag fortsätter min promenad och går förbi fåren och hästarna som också är ute fortfarande. Hur mår de?

En annan tid
Vad håller jag på med, tänker jag där jag sitter och lyfter en rulle 20 gånger med mina ben, innan jag går till nästa maskin och lyfter tunga handtag upp och ner med armarna. Jag har betalat drygt 2000 kr för att gå till detta gym och lyfta och tänja min kropp. Jag tänker på min mamma, som varit död i 15 år. Jag är ganska lik henne men hon hade en mera vältränad kropp än vad jag har. Den hade hon fått genom hårt arbete på en litet jordbruk i Värmland. Hon hade

hand om allt hushållsarbete, om lagård med tre kor, en gris och några höns och hon arbetade på åkrarna med höbärgning och sädesskörd.

Mamma steg upp tidigt varje morgon för att gå till lagårn och mjölka korna sittande på en mjölkpall med huvudet lutat mot kons kropp. Jag lärde mig också mjölka och har fortfarande kvar känslan i händerna. Mjölken skulle därefter silas och sedan hällas i en stor mjölkkruka av järn som mamma körde på skottkärra ner till mjölkbordet vid vägen. Den var stor och tung och hon fick sin styrketräning genom att lyfta upp krukan på bordet. Mjölkbilen hämtade den och lämnade den tillbaka med skummjölk på eftermiddagen och då skulle den lyftas igen och sedan rengöras. Mjölken var viktig då den gav en liten inkomst.

När höet skulle bärgas fick vi ofta be om lov från skolan för att hjälpa till. Höet skulle räfsas och hässjas och det var tungt. Detta var långt före de stora plastrullar som i dag ligger på åkrarna efter den helt maskinella höbärgningen. Säden skulle skördas och potatisen tas upp. Mycket av arbetet gjordes för hand på den tiden och kroppen fick arbeta hårt. Så småningom köpte pappa en traktor och maskiner gjorde arbetet lättare.

Jag finns kvar i mina barndomsminnen när jag åker till affären för att handla. Tänker på att vi inte handlade mycket i min barndom då det mesta fanns på gården. Mjölk, ägg, fläsk och grönsaker från mammas stora grönsaksland, i stort sett självhushåll. Jag handlar smaklösa tomater som kan ha fraktats ända från Marocko och saknar de smakrika tomater som min mamma odlade.

Var allt bättre för 75 år sedan då jag var barn? Jag undrar vad mina föräldrar skulle svara på den frågan? De slet hårt på det lilla jordbruket och semester fanns inte för dem. De var inte ofta stilla förutom på lördagskvällar när hela familjen satt i vardagsrummet och lyssnade på Hyland som ledde Karusellen. Jag minns fortfarande när Snoddas sjöng sin Flottarkärlek Haderian hadera för första gången.

På 1960-talet kunde inte mina föräldrar ha kvar sitt lilla jordbruk. Det var för litet och lönade sig inte längre. De sålde gården och djuren och flyttade till stan. En ungkarl köpte gården och jordbruket lades ner och ladugården förblev tom. I dag bor en småbarnsfamilj i huset och den tomma ladugården står kvar men mjölkbordet är borta sedan länge. Mamma blev skolstäderska och fortsatte att arbeta med sin kropp och pappa öppnade ett snickeri.

Nu ska jag lämna 40- och 50-talet i Värmland och återgå till mina filosofistudier. Just nu läser jag Martin Heideggers (1889-1976) Vara och tid. Jag har svårt att ta till mig hans filosofi, både för hans mycket egenartade språk och för hans anslutning till nazismen under kriget. Det intressanta med hans filosofi är att han vill beskriva människan i vardagligheten men inte psykologiskt, vetenskapligt eller moraliskt. Han försöker på 500 sidor att besvara frågan om vad det är att "vara människa" men utan att jag blir så mycket klokare. Jag instämmer dock i hans uttryck att människan blivit inkastad i denna värld av ting och människor. Här i-världen-varon finns jag och gör mitt bästa. Just nu skriver jag om min barndom.

Identitet

Vad betyder identitet? Vilken är min identitet? Är det viktigt att ha en identitet? När jag börjar fundera på ordet blir det alltmera dunkelt? Ordet betyder samma, densamma. Jag läste just om en bok som handlar om begreppet identitet: Identitetsillusionen. Lögnerna som binder oss samman av filosofen Kwame Anthony Appiah. Kan jag bli klokare genom att läsa den? Han skriver att identitet är ett klassificeringssystem som placerar oss i en viss grupp beroende av kön, hudfärg, klass, nation, religion, kultur och som är viktigt för att vi ska känna samhörighet. Men det är också identitet som skapat de flesta av världen katastrofer som krig, rasmotsättningar, murar och det värsta av dem alla förintelsen som handlade om identitet. Han menar att identitet ofta är ett missförstånd, att likheterna i gruppen ofta är en lögn som vi använder för att känna oss tillhöriga.

I dag talar vi om identitetspolitik som också är ett ganska dunkelt begrepp men som oftast används negativt. En viss grupp med en viss identitet anser sig sitta inne med sanningen och utesluter alla andra från gruppen. Vita människor har under århundraden betraktat färgade som underlägsna. Män såg länge kvinnor som mindre vetande och inte kapabla att agera i ledande ställning och detta synsätt lever delvis kvar fortfarande. En feminism som blir alltför enögd kan inte heller tänka sig att en man kan se på kvinnor som jämställda. Fortfarande finns i världen långvariga krig som uppstått genom att olika folkgrupper ansett sig ha rätt att härska över andra på grund av sin nationalitet, ras, kultur osv.

Hur är det nu med min egen identitet? Är jag också föremål för en lögn som stänger mig inne i en viss grupp och hindrar mig att vidga mitt sätt att se på världen. Eller använder jag min identitet som en positiv möjlighet att få tillhöra en grupp? Jag är kvinna, vit, svensk, pensionär, mor, klassresenär som nu är medelklass men som föddes i arbetarklass, akademiker, icke-troende, skild, ensamboende, bostadsrättsinnehavare och mycket annat.

Det är positivt att vara kvinna men många gånger i mitt yrkesliv har jag känt att den identiteten inte varit mig till gagn, när män tagit över och fått sina idéer igenom. Att vara svensk är en identitet som bara varit mig till gagn både ute i världen och här hemma. Jag frågar mig dock om det inte också gjort mig litet för bekväm och fått mig att tycka att jag kan döma andra nationaliteter, som inte är så bra(??) som jag. Min klassresa har lärt mig mycket och fått mig att vidga min verklighet och lärt mig förstå människor med olika bakgrund. Jag tror att det är nyttigt att byta identitet för att inte tro att det bara är min grupp som gäller. Genom livet går människan från barn till gammal människa om hon får leva. Som pensionär tillhör jag en stor grupp i dag i Sverige och visst känner jag en samhörighet med den gruppen men jag blir också ofta betraktad som en aning mindre vetande och utanför det aktiva samhället. Jag har bytt identitet från att vara en strängt arbetande skattebetalare till att bli en bidragsberoende och tärande pensionär.

Kunde jag har skapat mig andra identiteter under mitt långa liv?Kunde jag har blivit något annat i helt andra grupper? Det funderar jag också på nu då jag läser om existentialismen. Jag läser Jean Paul Sartre och Simone de Beauvoir. Enligt dem är människan fri att skapa sitt eget liv. Hon är inget och måste bestämma sig för vad hon ska vara och detta ger henne ångest. Ofta tar vi inte ansvar för oss själva i denna frihet och försvarar oss med att vi inte kunnat bli ett autentiskt jag p g a etnicitet, klass, yrke nationalitet osv. Faktorer bortom vår kontroll gör att vi inte kan använda vår frihet. Vi skyller alltid ifrån oss. Gör jag det? Kunde jag ha blivit något annat, fått en annan identitet? Vem är jag, vad är mitt autentiska jag? Jag fortsätter läsa existentialisterna och frågar mig om de har något att säga oss i dag. En aning dunkelt tycker jag mig se att dagens identitetspolitik skulle ha avslöjats av existentialisterna som ett sätt att undfly frihet och ansvar. Jag läser de Beauvoirs Tvetydighetens moral och försöker förstå vad det handlar om och om jag kan lära mig något om mig själv och om dagen i dag.

Varför?

Jag försöker intala mig att jag är lyckligt lottad som fått leva i snart 80 år på planeten jorden. Att jag ska vara tacksam för att jag som en av arten människa fått ett liv i ett gigantiskt universum. Svårigheten för mig är att jag ända sedan barndomen funderat över meningen med detta liv. De enda levande varelser som har problem med meningen är människan, ett problem som vi själva hittat på. Jag läser just nu en bok av historikern David Christian Berättelsen om allt om 13,8 miljarder års historia. Han citerar en professor Joseph Campbell som ställer frågan om meningen med universum och meningen med en loppa och svarar "att den bara finns, det är hela meningen och meningen med dig själv är att du finns."

Människans svårigheter med meningen har funnits så länge som hon levt på jorden, d v s ungefär 200 000 år sedan. Under sitt eviga sökande efter svar på frågan Varför? har människan uppfunnit otaliga skapelseberättelser och gudomliga väsen för att få trygghet och tröst mot tomheten. Dessa berättelser och gudar har gett människan ett mål och en mening och man har byggt tempel och kyrkor åt dem för att kunna komma i kontakt med dem och försäkra sig om deras närvaro.

Problemet för mig och för många andra i vår nu allt mera sekulära värld är, att jag inte tror på något gudomligt väsen och någon gudomlig skapare. Då återstår bara att tro på meningen med mig själv. Det är där jag får det svårt. I boken som jag just nu läser skriver författaren om att en ny skapelseberättelse håller på att ta form. Han skriver att den är en modern berättelse som bygger på vetenskapens globala traditioner och han utgår ifrån vårt gigantiska universum med minst hundra miljarder galaxer, som var och en har hundra miljarder stjärnor som vår sol. Vilken mening är det med mig i denna obegripliga, enorma rymd? Eller är det något av ett underverk eller en slump att jag ändå finns?

I begynnelsen fanns ingenting och det exploderade! Så beskriver en forskare big bang, då en liten atom som innehöll all energi som i dag finns i universum, exploderade för 13,2 miljarder år sedan. Men vad fanns före? Det vet man fortfarande inte men inom kvantfysiken påstår man att något kan uppstå ur ingenting.

Jag har bara hunnit till sid 30 i boken och är spänd på fortsättningen. Den har ett schema som beskriver nio trappsteg och slutar först om 4,5 miljarder år då solen dör och till sist om miljoners miljarder år då universum slocknar. Jag föds och dör på trappsteg åtta då människan tagit över i antropocens tidsålder. Det unika med människoarten är att vi är medvetna om vår värld, kan ge varandra bilder av den och hela tiden öka vår kunskap. Men det kan också bli vår undergång då vi använder kunskapen till att påverka biosfären i allt snabbare takt. Kapitlet 12 i boken har rubriken Vart är allt på väg? Och jag undrar om jag då efter 300 sidor har förstått varför jag finns?

Från det stora till det lilla. I dag läste jag att Ericssons VD har fått 89 miljoner i bonus. Detta får mig att återigen fundera på varför inga ekonomer någonsin tar itu med frågan om vart alla pengar tar vägen. Vi hör dagligen att skola, vård och omsorg har allt mindre resurser och att verksamheter måste läggas ner men jag har aldrig fått någon förklaring på varför detta sker. Vart tar pengarna vägen? Det finns ju mera pengar och resurser i dag i vår värld än det någonsin funnits förut. Varför använder vi människor inte vår kunskap till att skapa en bättre värld i stället för att på alla sätt förstöra och förgöra våra liv den korta tid vi finns i universum? Vi existerar bara ett mycket kort ögonblick i universums historia och borde ta till vara på den tiden.

Årslinjen

Några små strimmor av blått ovanför min datorskärm! Och solen förskönar höghuset mittemot. Så länge sedan. Orocentrifugen går ner på lågvarv. Min bild av året är en rak linje från första januari till sista december och där tar den slut. Det nya året börjar om med en ny linje, ett stort hopp från slutet till början. Jag har förstått att varje människa har sin egen bild av årets gång, några som en cirkel, andra som en oval eller som en linje som går upp och ner. Den vanligaste bilden är en cirkel som rör sig moturs med december högst upp. Min bild av en rak linje är tydligen enligt den minimala forskning som gjorts, ovanlig och enligt en del helt knäpp. Skulle vara spännande att undersöka hur olika bilder speglar olika karaktärer. Nu är min årslinje snart slut, återstår bara några centimeter. Skönt att vardagen snart tar vid och den nya linjen traskar på utan större dramatik. För mig som helledig pensionär känns helgerna långsamma och ensamma. Ledigheten finns till för de arbetande.

I tidningen i dag läste jag om tio röster som tystnat 2019, flera av dem har jag följt under mitt liv. Tre böcker av Anders Ehnmark finns i min bokhylla. Maktens hemligheter om Machiavelli är full av understrykningar om makt och om ont och gott. I boken Arvskifte skildrar han sin egen väg genom 60-och 70-talen, den väg som jag också gick men inte alltid åt samma håll. Sven Lindqvist har också lämnat under 2019 och två böcker plockar jag fram: Handbok från 1957 och Myten om Wu Tao-tzu från 1967, som jag återkommer till hela tiden. Den är lika aktuell nu som då. Han skriver: Är social och ekonomisk frigörelse möjlig utan våld. Svar: Nej. Är den möjlig med våld? Svar: Nej. Bodil Malmsten är död och Göran Tunström men Göran Sonnevi (80 år) lever och har just kommit med en ny diktsamling som jag beställt. Och några av de yngre nu levande ger mig nya insikter om dagens värld och människa. Bob Hansson är en av dem.

Det är ändå så att jag känner mig mest hemma med en äldre generation. Läser just nu Jean-Paul Sartre och Simone de Beauvoir och skriver om existentialismen, som håller på att bli inne igen efter en tid av glömska. Jag är nog något av en existentialist. Den existentialism som jag bekänner mig till är en humanistisk syn på frihet som alltid ser den andre. Det är den eviga kampen för friheten och rätten att forma sitt eget liv och hur svårt detta är. Det är min frihet men också alla andras och hur det ska gå ihop.

Nu är snart min årslinje slut för 2019. Jag behöver inte Julhandboken längre. Där har jag läst om hur SIS (Svenska Institutet för Standarder) bestämmer julstandarder och lärt mig allt om ljusstakar, julbrygd, fallprovning för pepparkakshus och släckningsautomatik för julljus. Så klarade jag julen. Nu ska jag hoppa till början på 2020, ett nytt decennium. Hundra år sedan det glada tjugotalet, då min mamma vara ung. Kan man tala om någon glädje i dagens framtid? Jag måste försöka för min egen skull för att inte drunkna i mörkret. Ska åka och köpa en liten flaska champagne och skåla för ett ljusare år.

Kapitel 12

Ett nytt år

Januari 2020

Visst är det konstigt att vi i morgon har en röd dag, en helgdag som många inte vet varför vi firar. Ja, vi firar ju inte förstås om vi inte är troende kristna men likafullt är det en helg. De tre vise männen kom för att fira Jesusbarnet den trettonde dagen efter Jesu födelse och därför har vi helg i morgon. Det kan man läsa om i Matteus Evangelium

För mig är det bara vanliga dagar. I dag promenad vid vattnet med en uppåtgående sol i öster. Några grader kallt och ett tunt snötäcke på marken. Flockar av gräsänder ute i viken och ett svanpar som fortfarande sover med sina huvuden under vingarna. Jag läser tidningen och förundrar mig som vanligt över alla annonssidor. Just nu är det massor av sängar och bilar som dominerar och som vi ska köpa. Bara dubbelsängar, tänker jag, som vill köpa ny enkelsäng. Måste man vara ett par för att köpa ny säng nu? Jag letar efter något att glädja mig åt i tidningen men det enda är att ett f d kommunalråd från Göteborg som fått sparken nu arbetar som sopåkare och trivs med det. Annars är det snart storkrig i Mellanöstern och stora delar av Australien har brunnit upp. Mord och attentat varje dag.

Finns något att glädja sig åt i de böcker jag läser? Just nu Väggen av Marlen Haushofer. Den är fascinerande men skrämmande och jag drömmer svarta drömmar på natten. På något underligt sätt känner jag igen mig. Jag är inte instängd inom en glasvägg men ändå har jag själv upprättat en vägg mot omgivningen och alla andra människor finns på andra sidan, där de lever och gläds utan mig. Det stämmer inte med väggen i boken, för där är alla människor på andra sidan döda. Kvinnan i boken försöker överleva innanför väggen ensam med sina djur. När jag ser ut genom mitt köksfönster ser jag hela tiden människor som går ut med sina hundar, många hundar ser jag. Hur kommer det sig? När jag växte upp på en liten bondgård på landet hade vi djur men de fanns där för att ge oss mjölk, ägg och fläsk, inte som sällskap. Varför räcker inte vi människor till för att ge varandra sällskap och gemenskap?

Jag läser i slutet på boken Haushofers råd till människan: "Oroa dig inte. Du har sett för mycket och för lite, som alla människor före dig. Du har gråtit för mycket, kanske också för lite, som alla människor före dig. Men kött, skelett och hud, allt kommer att förvandlas till aska och också hjärnan kommer äntligen att sluta tänka. Oroa dig inte - allt är förgäves, som för alla människor före dig. En helt vanlig historia."

I Löparna av Olga Tokarczok läser jag att tungan är människans starkaste muskel. För att använda den måste man väl prata? Och nu har jag inte sagt något på ett helt dygn. I morgon är det vardag igen och då ska jag på möte och prata. Min starkaste muskel måste ju användas.

Månen och vi

Det är mörkt ute och jag sitter på bussen på väg hem. Jag finns i mina tankar och vilar från min vanliga brådska. Jag kan ju inget göra, tittar ut i mörkret. Jag får syn på det stora gula klotet alldeles nära. Månen är full i kväll och stor och förunderligt vacker. Där har den funnits nästan lika länge som jorden, den kom till efter någon slags explosion av stenbumlingar har jag läst. Jag känner min egen litenhet och får en upplevelse av att mitt liv bara är ett kort ögonblick. Månen har funnits där hela tiden och sett jorden som ett klot utan människor. Den korta tid som vi levat här är för månen bara en blinkning. Och det vackra klotet kommer att leva vidare när vi för länge sedan försvunnit från jordens yta.

Jag har köpt boken Klubben av Matilda Gustavsson och börjar läsa när jag kommer hem. Den är riktigt spännande trots att man vet hur det ska gå för kulturprofilen och hans hustru Katarina Frostenson. Alla skriverier har gett en ganska klar bild av honom och den förstärks i boken. En liten man som vill vara stor och våldför sig på kvinnor när han inte spelar stor kulturperson. Jag har någon gång besökt källarrummet Forum, som han startade och det var en något udda upplevelse att sitta på obekväma stolar mitt i betongen och lyssna på Göran Sonnevi som läste ur sin bok Oceanen. Men hur en poet som Katarina Frostenson kan försvara honom är helt obegripligt. Vem är hon? Jag har också läst hennes bok K där hon helt förnekar allt som skrivits om kulturprofilen, bara bedyrar sin kärlek till honom. Jag kollar i min lyrikbokhylla och hittar en diktsamling av henne, en pocket med Dikter i urval. Jag bläddrar men fastnar inte. Hon verkar så kall och på långt avstånd. Dock dyker det upp en dikt med rubriken I månljus som jag tar till mig eftersom upplevelsen av månen på vägen hem finns kvar. Så här:

"Jag är utsläppt till dig. Jag ser mig omkring. Så här går vi. Allenaste. Vilket milt generat vanvett, under måntappen, den långa, gula. Vi går överlämnade i vår hage, för ingen kommer."

Jo, nog ger månen ödesdigra tankar och påminnelse om vårt korta liv och vår dödlighet. Uttrycket utsläppt till dig får mig att tänka på uttrycket utkastad som existentialisterna använder. Vi är utkastade i världen och ska hantera våra liv. Jag har läst Jean-Paul Sartre och Simone de Beauvoir och skrivit en uppsats om hur vi skulle kunna använda existentialismen i vår värld i dag. Här kommer mina slutsatser efter att jag beskrivit filosofin som kort handlar om att använda vår stora frihet med ansvar för oss själva men också för andra. Vi flyr ofta från ansvaret och skyller på andra. Detta kallar existentialisterna för ond tro. Här kommer ett utdrag ur uppsatsen:

I vår värld i dag dominerar vetenskapen och den objektiva blicken. Kanske har vi gått för långt på den vägen och behöver lossa på måttbanden och fundera över hur ett autentiskt liv kan se ut. Vi har en benägenhet att skylla ifrån oss, att lägga ansvaret på andra, på politiker och ledare. Ofta är det också en idé, en religion, ett politiskt program som styr alla och blir den onda tron som tar ansvaret från människorna. Allt flera människor väljer att frånsäga sig det egna ansvaret och överlämna sig åt ond tro på en idé om det enda landet, det enda folket eller den enda tron.

Vi lever i en värld där individualismen är den nya livsformen, var och en är sig själv nog. Här skulle existentialismen behövas för att lära oss att vi också har ansvar för den andres liv och frihet. Engagemang och handling är viktiga för existentialisten och här har vi något att lära, var och en av oss även om alla inte kan vara en Greta. Den stora frågan om klimatet kräver något av oss alla. Klimatångesten uppträder när vi känner oss utkastade i en värld där vi ska välja väg men inte klarar detta utan skyller ifrån oss och frånsäger oss det egna ansvaret för oss själva och för andra.

Valfriheten är det nya evangeliet och det borde väl vara existentialistiskt? Det har inte blivit så i nyliberalismens värld eftersom friheten bara gällt den enskilda människan, som bara valt för sig själv och glömt de andra. Resultatet av den friheten har blivit en allt större ojämlikhet, där de starka som kunnat använda sin frihet, tryckt ner de andra.

Jag vet inte om Sartre och Beauvoir skulle ha hållit med mig i min nutida tolkning av existentialismens idéer men de var båda mycket engagerade i den tidens stora frågor och försökte också själva leva enligt sin filosofi. Sartres avslutande ord om hur han vill vara som människa i boken Orden, ger mig ändå en rätt att tolka existentialismen som en filosofi för ett gott mänskligt liv: " En hel människa, formad av alla människor, som är allas jämlike och en jämlike för vem som helst."

För nog är det så att under den stora och mäktiga månen måste vi hantera våra korta liv här på jorden tillsammans.

Kultur
Så stor jag blev! Min skugga sträckte sig långt ut på fältet, då solen gick upp över viken och färgade himlen röd. Jag gick och funderade på ordet kultur

som jag hörde en forskare dissekera för en tid sedan. Vad är det? Ordet kultur betyder odling d v s odling av växter. Sin nuvarande betydelse sägs ordet cultura ha fått av författaren Cicero i Rom under första århundradet f v t. Han ska ha sagt att filosofi är själens cultura.

Jag tillhör gruppen "kulturtanter" och vad utmärker dem? Min kultur består framför allt av litteratur och konst, den s k "lärda" kulturen. Men så enkelt är det inte, för jag präglas också av flera andra kulturbegrepp, som man ibland benämner folklig kultur som består av idéer, vanor, värderingar. Det är dessa jag går där i den uppåtgående solen och funderar på. Vilken kultur härskade under min barndom och ungdom? Den frågan blev uppenbar häromkvällen vid en trevlig middag med vänner. Mannen i sällskapet kände inte igen den kultur som jag vuxit upp i och som jag kallade småjordbrukarkultur. Hans uppväxt i en stad blev då stadskultur och vi konstaterade att en del av våra värderingar skilde sig till en del på grund av detta.

Min uppväxt på ett litet jordbruk på 1940-talet med 3-4 kor, höns och en gris har präglat mig mer än jag förstått. Där gällde att ta tillvara allt, inget fick kastas. Mamma lagade trasiga kläder och använde kläder som var helt utslitna till att väva trasmattor. Matavfall blev föda för grisen. De få platspåsar som användes, diskades, hängdes upp att torka och användes många gånger. Ordning, renlighet, ärlighet och sparsamhet var självklara värden. För oss barn var det helt naturligt att vi skulle hjälpa till både i hemmet, ladugården och på åkern med höbärgning och att binda säd. Det fanns en liten låg bokhylla i vårt vardagsrum med några böcker av Vilhelm Moberg, Moa Martinsson och Eyvind Johnson men den bokliga kulturen var inget som betydde något i mitt hem.

Mitt "kulturarv" är att vara flitig, lydig och sparsam. Detta kompletterades senare med studier och gav mig tillträde till den "lärda" kulturen. Ordet kulturarv betyder ju något annat egentligen, något historiskt minnesmärke som får benämningen kulturarv och som inte får förstöras.

När jag började röra mig i världen och mötte andra kulturer blev det krockar. Varför struntar vissa i att komma i tid, som jag alltid lärt mig att man ska göra? Varför ljuger han om detta som alla vet är lögn? Varför slösar de med pengarna när de har så dåligt ställt? Varför kan inte vissa grannar sortera soporna i rätt kärl? När jag irriterar mig på andra människor för att de inte har mitt "kulturarv", blir jag en gnällig och ogenerös person som inte mår så bra.

Detta med olika kulturer blir alltmera aktuellt i dag då människor rör sig över gränserna hela tiden. Alla tycker att deras kultur är det enda rätta. Jag försöker se det så att jag vill lära mig om andras kultur utan att värdera och kritisera. Jag kanske kan få kunskaper om sätt att leva och vara som gör mitt liv bättre. Jag vill fortsätta "odla" mig själv. Jag blir allt tröttare på min "duktighet" och mitt "rättänkande". Om jag tidigare i livet brutit med en del av detta kunde jag kanske haft ett mera spännande liv.

Mitt "kulturarv" är inte ett historiskt minnesmärke som måste bevaras för evigt. "Du kan väl pröva att komma för sent någon gång", sa min terapeut när vi talade om min stora oro. Och nog kunde jag vara litet mera slösaktig, nu när jag har råd. Men jag tänker inte börja ljuga och tänker inte slarva med sopsorteringen, för det har med respekt för andra människor att göra.

Jag började med Cicero och slutar med honom. Filosofin har odlat mig på många sätt och gör hela tiden, både de stora filosoferna och den mera nära vardagsfilosofin. Det gäller att både kunna tänka själv och skratta åt sig själv!

Snart 80
Den rosa himlen förebådar solen. Bara storskrakparet dyker vid stranden, annars stilla. Planerar dagen. Först skriva anteckningar från det livliga mötet i går där den miserabla sjukvården var en stor fråga. Därefter avsluta min blogg om kultur och publicera. Den kom mest att handla om mitt "kulturarv"

från barndomen. Jag tog tåget till Rehab och min yogakurs som jag fått på remiss för att "lugna ner mig." Tyvärr kommer den nog inte att hjälpa mig då min stela rygg hela tiden plågar mig och alla tankar handlar om hur jag ska hantera min kropp för att kunna göra alla dessa rörelser. Ska dock försöka klara av alla tio gångerna. På kvällen ett livligt möte med bokcirkeln på biblioteket. Vi talade om Väggen av Marlen Haushofer, en fantastisk bok som kan tolkas på många sätt. Jag konstaterade att jag nog ibland haft en vägg som hindrat mig att leva ett helt och fullt liv. Den har jag inte upptäckt förrän det varit för sent att riva den.

Gårdagen slutade med att jag såg ett TV-program om 1940-talet i Danmark, som då ockuperades av nazisterna. Jag är född 1940 och började fundera på hur verkligheten såg ut i vårt land då. Vi blev aldrig ockuperade men nog måste väl mina föräldrar ha känt av närheten till kaoset i Europa? De är nu döda sedan länge och jag frågade dem aldrig om detta. Jag kommer vagt i håg att min mamma sa att de försökt få barn i flera år innan jag föddes men det var väl inte den bästa tid att sätta en ny människa till världen?

Den 9 april 1940 invaderade nazisterna Danmark och Norge. Då var min mamma höggravid och födde mig nio dagar senare på lasarettet i Kristinehamn. Det måste ha varit en orolig tid då jag låg där i mammas mage. Redan 1939 gick ryssarna in i Finland och nazisterna härjade i Europa. I Sverige var vi neutrala men gjorde många eftergifter, som att tillåta 2 miljoner tyska soldater att åka tåg genom Sverige mot Norge, den så kallade permittenttrafiken. En viktig orsak till att vi inte blev invaderade sägs också vara att vi hela kriget försåg tyskarna med järnmalm.

Jag vet inte varför mina föräldrar, som båda var från Dalarna nu fanns i Värmland. Det finns bara ett foto av mig från 1940. Jag är en fet och sur unge som sitter i en barnvagn på Starrviksudden, en stuga där de bodde bara en kort tid. Några fler foton finns från 1944 då vi bodde på Västby, ett stort vitt hus. Jag är fyra år och är prydlig i klänning och hårband. Jag vet inte varför mina föräldrar flyttade runt och hur de försörjde sig men någon gång nämnde min pappa att han arbetade med s k AK arbeten, som den dåvarande arbetslöshetskommissionen anordnade. Han blev senare inkallad till militärtjänst och befann sig en tid vid norska gränsen. Ingen av dem hade någon utbildning. Mamma hade arbetat som piga i Stockholm och pappa hade någon slags kontorsjobb ibland. Han hade ju också sökt lyckan i USA en tid som så många andra.

Även om jag var efterlängtad, enligt min mamma, så måste ändå oron för framtiden ha varit stor. Jag visste inget om detta och har bara få minnen från krigets verkningar i vårt land. När mina föräldrar 1944 köpte en liten jordbruksfastighet och skaffade några kor, en gris och några höns klarade vi oss bra på det som gården gav och jag minns inte att vi led någon brist. Visst fanns det fortfarande ransoneringskuponger för många varor och bananer och apelsiner fanns inte ofta men så var det bara då. Inget vi funderade på. Vi hade mat och kläder och lekte hela dagarna på gården och i skogen, mina yngre bröder och jag.

Även om jag föddes i en orolig tid så växte jag upp under den tid då Sverige blomstrade på alla sätt. Alla skulle få chansen. 1948 kom det allmänna barnbidraget och 1957 kom studiebidraget som betydde att jag fick möjlighet att fortsätta studera trots att det inte fanns pengar hemma hos oss. Efter min utbildning har jag aldrig varit arbetslös och jag har alltid hittat en bostad till rimliga priser. Min generation är lyckligt lottad. För att återknyta till Väggen: Jag har inte praktiskt haft så många väggar som hindrat mig även om jag psykologiskt rest väggar för mig själv ibland.

Hatet
Förintelsens minnesdag i dag. Jag läser och lyssnar och förstår lika litet som alltid hur detta kunde ske. Jag hade ännu inte fyllt fem år då de hemska bilderna från Auschwitz kom i tidningen. Jag tror mig ha ett minne av dessa men kommer inte ihåg om jag då fick något svar på varför människorna på bilderna såg så magra och sjuka ut. Mina föräldrar berättade om den onde Hitler som dödat judarna men inte

varför han gjort det. Jag visste ju inte vad judar var för något och varför de måste dödas.

Det skrämmande är att jag fortfarande i dag inte kan få klarhet i varför detta folkmord skedde och varför judarna hatades och hatas så mycket. Jag har läst böcker om det när jag studerade historia och religionshistoria men har inte blivit så mycket klokare. Jovisst har det skrivits åtskilliga förklaringar men jag har ändå inte förstått detta hat, som funnits alltsedan romartiden. Det var då kristendomen bredde ut sig och judarna anklagades för att har dödat Jesus. Men inte är det väl så att de antisemitiska högerextrema grupper som i dag hatar judar och förföljer dem, fortfarande skyller på att de dödade Jesus? Jag har också läst om att hatet har sin grund i att judarna har varit framgångsrika men också på grund av att de varit lågtstående och fattiga. Andra förklaringar är att de haft egna seder och bruk som inte accepterats av deras grannar och att de ansetts som främmande och inte passat in. Under perioder har också rashat legat till grund då judarna ansetts som en lägre stående ras bland germanerna. Hitlers hat mot judar handlade mycket om att nederlaget i Första världskriget vara judarna fel och att de därför skull utplånas. Att de skulle ligga bakom någon slags konspiration mot mänskligheten finns också att läsa om, liksom att judar skulle ha begått ritualmord på barn för att få blod till sitt påskbröd. Forskning har visat att ingen av dessa förklaringar till antisemitismen skulle ha någon verklig bakgrund.

Jag har hittat många förklaringar till judehatet men ingen har övertygat mig. Jag har skrivit uppsatser om detta men aldrig kunnat fastslå att det finns någon rimlig orsak till att jag ska hata judar. Är det så enkelt att vi alltid måste ha någon/några som vi kan hata och som är mindre värda och som är orsaken till allt ont och till att jag inte alltid får som jag vill här i livet? Måste vi människor alltid ha någon annan att skylla på när det blir fel i stället för att själva ta ansvar.

I dagens globala och digitala värld verkar hat och hot bli allt vanligare. Det är så lätt att sprida och slippa ta ansvar för vad man säger. Men varför måste människor hata? Ligger det i våra gener? Är det evolutionärt?Lärde vi oss hata på savannen? Men varför? Att vara rädd och vaksam är nyttigt för djur och människor men att hata kan inte vara nödvändigt för vår överlevnad. Några av de filosofer som jag fastnat för har judisk bakgrund och deras budskap handlar om hur vi hanterar våra relationer. Baruch Spinozas program handlade om att " icke harmas- blott förstå".Martin Buber skrev en bok Om "Jag och du" och Emmanuel Levinas utgångspunkt var alltid synen på"den andre". Av dem har jag lärt mig att människor är mina medmänniskor inte motmänniskor. Hatet har ingen plats där.

Melankoli

En kylig och vacker morgon. Solen går upp och ligger lågt i mina ögon då jag går hemåt. Inte så mycket liv i naturen ännu, åtminstone inget som syns. Några skator och koltrastar hoppar runt och talgoxen låter bland buskarna. Jag ser en bofink som kraxar litet lågt, har inte övat upp sig ännu, det är för tidigt på året. Hästarna på gården står och solar sig på det vanliga stället.

Jag går och tänker på vad jag läste i DN om presidentvalet i USA och demokraternas kandidater. Två av dem är i min ålder och närmar sig de åttio. President kan man hoppas bli vid hög ålder men annars är man inte kvalificerad till så mycket! Jag begriper inte varför dessa herrar vill utsätta sig för allt som ett av världens mest krävande jobb innebär. Är det makten de eftersträvar i slutet av livet? Jag leker med tanken på att jag skulle söka något av de jobb som annonseras i tidningen och som jag har erfarenheter och CV för att klara av. Antagligen skulle jag anses mer eller mindre tokig och knappast få något svar ens. En så gammal käring har väl inte så mycket kvar att ge!

Nutiden har nog inte så mycket att ge mig längre och det är kanske därför jag dras till människor som levde i en annan tid. Just nu läser jag Melankolins anatomi av en lärd man från 1600-talet Robert Burton. Han var en universitetsman med säte i Oxford. Det som vi i dag kallar depression hette då melankoli och hela boken handlar om hur man såg på denna åkomma på 1600-talet. Burton led själv av melankoli och han skriver för att "lätta på en svullnad i sitt huvud som han vill bli av med." Jag känner igen mig då jag också periodvis lidit av melankoli och lättat på denna genom att skriva. Hela världen är melankolisk, skriver han och där kan väl dagens värld instämma. Depression är ett av de vanligaste tillstånden hos den moderna människan.

Burton är oerhört lärd och hans bok vimlar av citat från författare som också skrivit om melankoli. Han skriver i jagform och är helt närvarande när han beskriver. Just nu har jag börjat läsa om olika slags melankoli och alla möjliga och omöjliga orsaker till melankoli. Det finns huvudets melankoli, kroppens melankoli och melankolin i inälvorna. Jag kan inte låta bli att tänka på den artikel om depression som jag just läst i Modern psykologi, där man påstår att depression kan orsakas av inflammation.

Det är helt nödvändigt att ha kunskap om orsakerna till melankoli för att bota den, skriver Burton. Något för dagens läkare att lära av! Ofta är de ganska handfallna och skriver ut några små vita tabletter som ska hjälpa mot alla sorters nedstämdhet. Orsaker till melankoli enligt Burton kan vara allt från gud, till häxor, troll, dålig diet, spelgalenskap, övermått av studier och stillasittande. Ihållande melankoli är obotlig men leder sällan till döden om inte den sjuke tar livet av sig själv, vilket händer ibland. Även om melankoli är svår att bota så ägnar Burton flera sidor åt möjliga botemedel. Han börjar med att dieten är den allra viktigaste. Man ska äta två gånger om dagen och endast då man är hungrig. Kött kan man äta men det ska vara blött, lättsmält och inte alstra väder. Vin kan man dricka helst vitt och med måtta" det kan få en käring att dansa och den olycklige att glömma sina oförrätter och muntra upp sig." Han nämner också drycken coffa efter en böna svart som sot och lika bitter, som turkarna dricker i sina coffa-hus. Om det melankoliska blodet skulle ta hela kroppen i besittning rekommenderar han åderlåtning eller att rensa blodet med mjölktistel, maskros, humle, venushår, jordrök eller fårtunga destillerade till saft och dekokt.

Eftersom jag behärskas av Melankolia periodvis och försöker förstå varför och hur jag ska bota mig, har jag läst ett antal böcker om depression. Burtons bok är nog den bästa jag har läst och den är dessutom rolig och otroligt lärd och spännande. Mycket som han skriver stämmer med min situation. Jag skriver för att tömma huvudet, försöker låta bli att isolera mig, äter nyttigt och dricker måttligt med vin.

Dagens medikamenter mot depression är inte bättre än mjölktistel och fårtunga! Jag skulle kanske försöka med en dekokt på humle och maskros! Om jag sedan skulle hitta drömsamhället Utopia, skulle lyckan vara fullständig.

En annan författare från 1600-talet som fortfarande är aktuell, är filosofen Spinoza. Han är en av de filosofer som jag alltid återkommer till och just nu läser jag en nyligen översatt bok om honom skriven av filosofen Rebecca Goldstein. Hon är judinna och Spinoza var jude som blev bannlyst av den judiska församlingen i Amsterdam, då han inte ansågs tillräckligt renlärig. Goldstein väver ihop sin egen judiska bakgrund med Spinozas liv och filosofi. Så aktuell i dessa tider. Jag läser vidare.

Jag ser ofta bakåt men livet måste ju levas framåt. Burton skriver att hösten är den mest melankoliska av årstiderna och att "för gamlingar är melankolin närmast oskiljaktig och naturlig." Jag får ta till mig att mitt tillstånd är naturligt och se fram emot våren då bofinken och koltrasten sjungit upp sig.

Kommunikation

I dag den 4 februari skulle min mamma ha fyllt 108 år om hon levt men hon dog för 16 år sedan. Jag tänker på henne nästan varje dag. Hur kommer det sig? Vi stod inte varandra så nära och jag flyttade hemifrån tidigt och bodde långt borta större delen av hennes liv. Är det tryggheten jag saknar, den trygghet som fanns i min barndom när jag kom hem från skolan och mamma stod vid spisen, vände sig om och sa Hej? Nu finns ingen här, när jag kommer hem. Vissa dagar talar jag inte med någon om jag inte har något inbokat i min almanacka. I dag har jag talat med fyra människor men det är jag som tagit kontakt.

Jag gick förbi ett gäng gulvästar som höll på med stora maskiner nere vid stationen och frågade en av dem vad det skulle bli på platsen. En parkering, sa han glatt. Där har vuxit ogräs under de drygt 30 år jag gått förbi och nu hände något. Ja, nu händer äntligen nåt, sa han och skrattade. På hemvägen gick jag förbi ett annat gäng som vinschade stora block upp på höghusets tak. Vad gör ni? sa jag. Vi ska reparera taket och sätta upp solceller, sa han. Är ni aldrig rädda när ni står däruppe, sa jag. Nej, vi är så vana, sa han och log glatt mot mig.

Jag tog tåget till stan vid 10-tiden och buss 67 till Liljevalchs, där Vårsalongen är i full gång. Det var förstås kö men snart var jag inne. Länge gick jag runt och betraktade de mer eller mindre konstfulla verken. Stod framför en tavla som endast bestod av en vanlig gul vässad blyertspenna med titeln Sudd. Priset var 1000 kr. Kunde inte låta bli att säga till damen som stod bredvid att jag inte såg någon sudd. Hon instämde och sa att hon nog skulle lämna in något till Vårsalongen nästa år om det är så lätt! Stod framför en tavla med en man klädd i blå morgonrock dekorerad med vita ankor. Han går med två käppar, vänder ryggen till och är på väg mot horisonten. Pappa heter tavlan och kostar 35000 kr. På något sätt berör den mig och jag står där och utbrister till mannen bredvid: Vad fin den är! Han tittar förvånat på mig och säger: Jo!

Kan jag se någon trend i Vårsalongens utställning? Någon politisk inriktning ser jag inte och klimatet är inte heller viktigt. En bild på en gammal skolbänk som har blivit flisor på golvet och betecknas som "återanvänd skolbänk" verkar bara ironisk och kostar 16000. Kungafamiljen finns med och liknar teckningar ritade av ett barn. Vad menas med det? Ska det vara folkligt? En härlig olja på duk av en hel flock med kor som står innanför ett staket och glor. Nyfikenhet heter bilden och kostar 10000.Där känner jag igen mig då jag under den tid då korna på gården är ute, ofta blir glosögt betraktad av dem. Det finns en del ensamhet och dysterhet också. En bild av ett tvättställ och ett duschdraperi kallad Solitär, ger ett sorgset intryck för 60000. Intressant är alla de material som används, textil, trä, glas, plåt, porslin förutom de vanliga olja,akvarell och fotografi. Framför en vägg med blyertstecknade insekter står jag länge. Tusentals insekter som kallas Insektsstorm. Vilket jobb! Framför en uppstoppad tjäder med ett hus på ryggen står några killar och skrattar. Jo, nog ser den festlig ut. Det är också spännande att läsa om alla konstnärerna. Här finns de som har gedigen konstutbildning men det finns också autodidakter, läkare, matematiker, ingenjörer och ekonomer.

Jag tycker mycket om denna vårsalong. Den talade till mig om djur, människor, stenar, träd, hus, om vardag och fest, om glädje och sorg och om människans vilja och förmåga att gestalta sin verklighet. Den kan bestå av en äkta trisslott på svart bakgrund, där allt var skrapat utom en siffra och extrachansen. Titel: Plötsligt händer det och pris en miljon. Jag fotograferade ett rött lejon i naturlig storlek tillverkat av väv och broderi som lyste upp hela rummet. Jag åkte hem och kände mig nöjd med den dagens kommunikation.

Kapitel 13

Liv

Februari 2020

Det är inte bara jag som lever här, tänker jag plötsligt i min ensamhet och betraktar krukväxterna i fönstret. Det lilla pelargonskottet har fått flera nya blad och kommer nog att bli en vacker stor pelargon framöver. Där står den och lever i litet jord och med ljuset från fönstret åt norr. Den tillverkar sin egen mat. Visst är det ett under och jag försöker erinra mig hur den spännande fotosyntesen fungerar, en process som är den viktigaste för liv på jorden. Utan den skulle vi inte ha växter, som ger föda åt djur och människor. Fotosyntesen är en komplicerad process som jag har svårt att i grunden förstå. Energin från solen+koldioxid från luften och vatten från rötterna blir socker och syre. Klorofyllet i bladen tar upp sockret och så växer plantan. Syret andas jag in. Jag skulle inte klara mig utan växter men växterna skulle klara sig utan mig. Det är en viktig sanning.

Mitt sällskap av liv räknar jag till 20 krukväxter i min lägenhet och några till på balkongen. Finns annat liv här? Det finns förstås massor av bakterier, några är bra, andra dåliga. Jag har ett par kilo bakterier i tarmen, som hjälper mig att ta till vara på all föda. I min säng och på mina händer finns kvalster som är små spindeldjur. Vad de gör för nytta eller skada vet jag inte. Ibland har jag också sällskap av små, små flugor, bananflugor kallas de visst. Annars är det dött i min lägenhet.

Jag börjar fundera på det där med liv. Vad är det? När jag besöker biblioteket har jag den frågan i huvudet och hittar en bok med titeln: Vad är liv? Nu har jag bara läst några sidor men upptäcker att mycket av detta mysterium är för svårt för mig som inte är naturvetare. Det är biologi och fysik och nya vetenskapsgrenar som bioformatik och systembiologi. Och man konstaterar i inledningen att någon enhetlig allmänt accepterad definition av liv hittills aldrig framförts. Det finns dock en minsta gemensam beståndsdel i allt liv på jorden och det är cellen. Vissa organismer består av en enda cell medan vi människor består av 10 000 miljarder celler. Alla celler antas ha en gemensam startpunkt i någon form av urcell och alla celler har viss grundläggande drag gemensamma. Men hur livet uppstod vet man inte, även om man förstått att det först uppstod i haven och sedan på land. Allt liv är beroende av vatten och det är ju därför man först undersöker om det finns vatten på andra planeter, när man letar efter liv. Ännu har man inte funnit något men det står i en kort mening i boken om liv, att man på sista tiden funnit små mängder fukt i ytmaterialet på hela månen. Jag tänker på att vatten är grunden till allt och på hur vi slösar med denna gåva i dag och hur vi smutsar ner våra hav och sjöar. Många människor på vår jord har heller inte tillgång till rent vatten.

Vi vet inte hur liv uppkommit och vi vet inte heller vad som är meningen med livet. Vi är det enda djur som söker en mening och planerar för framtiden. Djuren har ingen föreställning om framtiden, de följer sina drifter. Vi människor är meningssökande och vi har en medvetenhet om vilka vi är och kan fundera på vårt liv. Detta är inte alltid en fördel utan ger oss ofta svåra tankar och djup oro. De människor som tror på en högre makt, har förstås sin tro på att livet här på jorden är till för att pröva oss för det eviga livet. Vi andra får bara försöka hitta någon slags mening dag för dag. För det mesta misslyckas det men någon gång då och då känns det meningsfullt att leva. Oftast handlar det om att jag gjort något bra för en annan människa eller jag har nått ett mål som jag strävat efter. Fast när jag nått målet måste jag hitta ett nytt mål för att inte tomheten och meningslösheten ska ta över.

Livet är en gåva sägs det men vem har gett mig den gåvan? Mina föräldrar har sett till att jag kommit till världen men hur går det till när livet skapas egentligen? Vem ska jag tacka när jag njuter av livet eller hata de gånger jag inte tycker att livet är värt att leva? Jag upptäcker att allt jag tänker om liv blir till frågor som jag inte kan besvara. Slutsatsen blir att vi människor mår bäst när vi inte tänker för mycket och frågar för mycket. Och ändå fortsätter jag att fråga för det är det som är livet.

Att gå

Jag är beroende, sjukligt beroende av mina morgonpromenader. De dagar jag inte hinner flytta mina fötter ut i skogen runt sjön, lider jag hela dagen av abstinens. Något fattas. I dag gick jag 7251 steg på 51 minuter. Det blev 3,62 km. Några grader varmt och litet blåsigt men skönt. Där jag satt på stenen i gläntan som vanligt såg jag att en buske fått små-små löv. När jag tittar närmare på trädgrenarna ser jag också att små knoppar börja växa fram. Annars är det inte så mycket liv. Fåglarna har inte kommit igång riktigt men i går såg jag en hel flock som seglade runt-runt och skrek upprört hela tiden. Jag stod länge och försökte komma på vilken fågel det var men de satt nästan aldrig stilla. När jag kom hem blev det att bläddra i fågelböckerna och googla på nätet. Jag tror att det var bergfinkar, då det stod att de brukar komma på våren och segla runt i flockar. Utseendet stämde också.

Det är tidig morgon som gäller för mig och mina promenader. Nu går jag strax före klockan åtta men när det blir ljusare redan vid sju-tiden. Jag går alltid ensam och möter inte ofta andra människor och det är så jag vill ha det. I boken Att gå av norrmannen Erling Kagge skriver författaren att så mycket i våra liv i dag handlar om att hålla ett högt tempo men att förflytta sig till fots går långsamt. Därför är det något av det mest radikala man kan göra. Han har vandrat över hela världen, vid Nordpolen och i New Yorks kloaker. Att gå långsamt är viktigt enligt honom och där har jag något att lära. Jag försökte i morse att glida långsamt framåt men snart var jag uppe i min vanliga snabba takt. Om man går för fort missar man mycket, enligt Kagge. Han blir en del i naturen omkring sig, glider in i omgivningen men det klarar inte jag med min hastighet.

I morse försökte jag gå långsamt igen, tog lurarna från öronen, tittade mig omkring och såg den intensivt gröna färgen av alla mossor på stenarna bredvid stigen. Fortsatte att studera mossor under resten av promenaden. De finns ju överallt, på marken, på stenar, på träd och på stubbar och de ser så olika ut. När jag kom hem googlade jag mossa och läste om denna mycket mångskiftande växt som finns i över tusen arter hos oss. Det finns föreningar för mosstudier och varje år arrangeras mossornas dag, i år den 18 oktober. Om jag ska lära något om mossor måste jag först skaffa en bok och en lupp och kolla upp om jag kan delta i några mossexkursioner. Mossor har inga rötter utan tar upp vatten med bladen och förökar sig med sporer. Den ideella föreningen Mossornas vänner ger ut en tidskrift Myrinia och hälsar mig välkommen att lära mig mera om dessa spännande växter.

Kagge har rätt när han skriver i sin bok om att ta det lugnt och se sig omkring under promenaden. Varje promenad kan ge nya kunskaper och insikter i vad liv och natur är.

Många författare och filosofer har använt sig av fötterna för att få inspiration och skapa sina verk.

Redan på 300-talet f v t bildade filosofen Aristotelses den peripatetiska (kringvandrande) skolan utanför Aten. Filosofen Nietzsche (1844-1900) steg upp klockan fem på morgnarna och gick utomhus sex till sju timmar varje dag med anteckningsblock och penna. "Endast de tankar man gått sig till, die ergangenen Gedanken" har något verkligt värde. Enligt en gammal romersk uppfattning är de infall man får "sub divo", d v s under den gudomliga himlen av högre kvalitet än vad som kommit till "sub tecto" d v s under tak. Författaren Rousseau (1712-1778) skrev: "Jag kan bara tänka när jag går. När jag stannar slutar jag tänka: mitt medvetande fungerar bara tillsammans med mina ben." Henry David Thoreau (1817-1862) måste vandra minst fyra timmar varje dag genom att ströva genom skogarna och över bergen och fälten, helt fri från alla världsliga band, skriver han i boken Konsten att vandra. Att gå till fots är, skriver han, att "göra en lång resa på en kort sträcka."

Ingen av dessa författare och filosofer hade läst alla de böcker som i dag handlar om att träna kroppen men visste ändå det som t ex Anders Hansen har skrivit i sin bok Hjärnstark, att motion och träning stärker hjärnan. Mitt gåberoende är enligt alla rön tydligen av godo.

Kapitel 14

Coronan tar över

Mars 2020

Jag skulle kunna bli president i USA men annars duger jag inte till så mycket på grund av min höga ålder. Båda dessa män som nu tävlar om att bli kandidater till presidentskapet i världens mäktigaste(?) land närmar sig liksom den nuvarande, åttioårsstrecket. Även om jag har åldern inne för ämbetet så skulle jag nog inte platsa ändå, eftersom jag är kvinna! Det är män som styr världen och många av dem är pensionerade för länge sedan, när de får makt över miljoner människor. När män en gång parkerat sig i maktens centrum försöker de hålla sig kvar intill döden. Putin i Ryssland och Netanyahu i Israel försöker med alla medel sitta kvar på tronen. De använder sig av demokratin men hur fungerar denna nu för tiden?

Jag köpte i går en bok igen fast jag lovat mig själv att inte öka på mina bokhyllor. Men jag behövde tröst i denna mörka coronatid. Som vanligt gick jag runt i bokhandeln för att se om det fanns något nytt intressant. Och se där stod den: Till bildningens försvar. Den svåra konsten att veta tillsammans av Sverker Sörlin. Jag har bara läst inledningen men den verkar lovande. Vad är bildning? Jag trodde kanske en gång att jag var bildad som visste vem Karl XII var och att Tegnér skrev Svea. Det var det jag lärde mig i den gamla skolan men dagens motsvarigheter vet jag inget om. Sörlin skriver att detta mitt bildningsbegrepp inte stämmer. Kunskap är inte bildning men bildning kräver en del kunskap. Bildning är en livshållning, bygger på tolerans och generositet, skriver han. Många nazister i Tyskland ansågs högt bildade, konstkännare och älskare av klassisk musik men dirigerade massmorden ur någon slags idéer om ras, folk och nation, som de lärt sig någonstans. Detta är en perverterad form av bildning, enligt Sörlin som menar att vår kunskap ökar astronomiskt i världen men att världen inte blir bättre av detta. Vi måste nu börja försvara bildning som en kunskap med uppdrag att vara människa och medmänniska. Han kallar det den svåra konsten att veta tillsammans.

Med Sörlins sätt att förstå bildning kan jag inte se att världens härskare i dag kan kallas bildade, även om någon av dem studerat vid universitetet. Var finns tolerans och generositet? Just nu krävs detta bildningsbegrepp mer än någonsin då den vanliga kunskapen inte gäller. Vi har ingen kunskap om coronaviruset och hur det ska motverkas och då krävs att vi klarar av att "veta tillsammans" hur vi ska hantera våra liv i en helt ny värld. Vi som trodde att vi visste allt står nu helt nakna utan den vanliga kunskapen. Det är skrämmande hur lätt vår civiliserade värld brakar samman då något oförutsett inträffar, hur sårbara vi är. Om vi tar oss ur detta utan alltför många katastrofer, kan det vara viktiga lärdomar vi kan dra inför en framtid, som vi inte vet något om.

Längtan och begär

Jag har alltid längtat. När jag var barn längtade jag hela tiden till något framför, sommarlovet eller julafton. Som vuxen har jag också längtat, till nytt jobb, till resan, till festen, till man och barn. "Längtan heter min arvedel, slottet i saknadens dalar", skrev Karlfeldt. Men det kanske inte är så poetiskt utan bara en del av evolutionen. Om vi inte längtar så strävar vi inte framåt och ingen utveckling sker. Om vi inte begär något av livet då lever vi inte fullt ut. Med åldern blir begären mindre och inte så vidlyftiga men något måste jag begära av varje dag när jag vaknar, något måste jag se fram emot, även om det är det enklaste som att solen ska skina och jag ska kunna gå min vanliga promenad. Poeten Stagnelius skrev om begäret:

> *Mänska, vill du livets vishet lära,*
> *o så hör mig! Tvenne lagar styra*
> *detta liv. Förmågan att begära*
> *är det första. Tvånget att försaka*
> *är det andra. Adla du till frihet*
> *detta tvång, och helgad och försonad*
> *över stoftets kretsande planeter*

Jag minns denna dikt från min ungdom, från realskolan då vår entusiastiska svensklärarinna, Höna kallad, klapprade fram och tillbaka på podiet och deklamerade dikten med känsla. Redan då tyckte jag mig förstå att den handlar om något viktigt i livet. Diktens titel är Suckarnas mystär och beskriver överdådigt hur hela livet, hela naturen bara är suckar. Havet kommer svallande mot stranden men drar sig snart suckande tillbaka, våren kommer med näktergal och lärka men blir med en suck snart höst igen. Och jag får aldrig alla mina begär uppfyllda utan måste med många suckar acceptera nederlaget.

I dag fick jag trots allt en längtan uppfylld då jag gick min morgonvandring till den lilla skogsbacken. Och se, där visar sig små duniga blå knoppar bland fjolårslöven! Den varje år så efterlängtade blåsippan är äntligen här. Jag drar en suck av lycka och konstaterar att naturen uppför sig som vanligt. Det känns skönt i dessa dagar då allt verkar upp och nervänt. Coronaviruset har tagit makten över oss människor och vårt samhälle men naturen därute är sig lik.

Möten

Jag sitter vid köksbordet med min tekopp och DN och ser ut på huset mittemot. Så har jag gjort i över

30 år men aldrig med den konstiga känsla jag har nu. Oftast har jag i den tidiga morgonen gjort upp planer för dagen, vilka jag ska träffa och när jag ska ta bussen eller tåget för att hinna till det viktiga mötet. Nu är allt upp och ner vänt. Jag ska inte träffa någon och jag ska inte åka någonstans och inte gå på något möte. I går ringde jag och berättade att jag inte kommer på den sedan länge inplanerade lunchen och inte på föreläsningen. I min almanacka för nästa vecka är allt överstruket. Jag har förstått att jag är medlem i riskgruppen för att kunna dö av corona p g a min ålder. Därför måste jag sitta inne hos mig själv och inte träffa någon. Men coronaviruset finns ju inte ute i skogen och jag kan gå hur långa och många promenader jag vill. I dag har jag gått två promenader på sammanlagt ca 15 000 steg i sol o kylig vind.

Det konstiga är att jag som har en kronisk oro i kroppen, inte just nu är särskilt orolig, snarare ganska lugn. Hur kan det komma sig? Är det så att det värsta redan har hänt och inget mer finns att oroa sig för? Men jag lever ju än och sitter här lugnt och planerar för en helt ny vecka som kan bli ensam och ovanlig. Då jag inte kan åka till stan och bevista filosofiföreläsningen får jag läsa om filosofen Emmanuel Lévinas själv. Han är en av mina favoritfilosofer då hans filosofi handlar om vårt förhållande till varandra, mitt förhållande till min nästa, till den Andre. Mötet mellan människor är etiska möten och bör leda till etiskt handlande. Lévinas upplevde ryska revolutionen och två världskrig, satt flera år i fångläger och nästan hela hans familj dödades i koncentrationslägren. Han hade sett hur det totalitära styret i nazismen och kommunismen förslavat och förtryckt människor.

I dagens värld då människan blir allt mera alienerad och de äkta mötena är sällsynta, kan Lévinas etik ha något att säga. Vi möts nu för det mesta i cyberrymden och i dessa coronatider blir det väl de enda mötena. Lévinas filosofi utgår från vårt förhållande till den Andre, som en annan som är oss lik men ändå olik som inte är som vi men som vi måste ta ansvar för och vars ansikte uppmanar oss att inte bruka våld. Det är när vi inte möts ansikte mot ansikte som näthatet och våldet kan utvecklas. Hur kommer detta att utvecklas i dag då vi inte kan möta varandra alltför nära p g a smittorisken?

Björn Wiman skriver i dag i DN att coronakrisen kanske har något gott med sig, då kriser gör att vi blir prövade och då få veta vilka vi verkligen är. De odugliga ledarna kommer att avslöjas, skriver han. Det utmärkande för en global kris är att vi alla måste samverka, vi måste hjälpas åt. Viruset känner inga gränser mellan nationer eller människor. Den som förnekar krisen blir också drabbad. Här gäller inte fattig eller rik, inte president eller tiggare. Alla måste tvätta händerna och och hålla avstånd. En tid får vi inte mötas för nära men ändå måste vi samverka, då vi alla sitter i samma båt.

Någonting har hänt

Jag hade fel när jag häromdagen skrev att naturen inte har något med corona att göra. Naturen är orsak till viruset, som antagligen har sin början hos något djur, kanske en fladdermus. Hela vårt mänskliga samhälle håller på att gå i kras och kanske kan man se det som att naturen nu hämnas på oss människor som så länge utan hänsyn förstört klotets klimat och miljö. När viruset gjort sitt jobb kan vi kanske börja om från början. Redan nu har vi slutat konsumera onödiga saker då affärerna har stängt och vi har slutat flyga jorden runt. En konsumtionskarantän skapas. Himlen har klarnat i Kina och de kinesiska utsläppen av koldioxid har minskat med 25 procent, skriver DN i dag. Och antalet liv som räddas på grund av nedstängningsåtgärderna kommer att vara högre än antalet liv som förloras på grund av pandemin, skriver man också. Och några bilfabriker har slutat tillverka dyra lyxbilar och producerar i stället respiratorer.

Under mitt liv har jag tillhört ett antal grupper. Jag har varit barn, elev, lärare, fru, mamma, pensionär och cancerpatient men nu tillhör jag en alldeles ny grupp, nämligen riskgrupp. Detta innebär att jag ska hålla mig hemma och inte vistas bland andra människor. Dock måste jag ha mat och i dag tog jag min dramaten och vandrade till det stora handelscentret några kilometer bort, då jag inte ville ta buss eller tåg till mitt vanliga centrum. Klockan var bara strax efter tio och både systembolaget och den stora matvarubutiken var fyllda av människor. Nittio procent av dessa var i min ålder, d v s tillhörde riskgruppen som inte skall gå ut. Tydligen hade kommersen varit intensiv då hyllorna både på systemet och butiken gapade tomma på vissa ställen. Jag kände mig plötsligt som deltagare i ett surrealistiskt drama. Alla dessa gamla människor med överfulla shoppingvagnar, några bara fyllda med toalettpappersrullar. De verkade alla jäktade och stirrade stelt framför sig. Och jag var en av dem.

På vägen hem dragande på min lilla shoppingvagn, återkallade jag en tanke jag haft under en lång tid. Jag har varit uttråkad och dyster och inte sett något ljus i tunneln. Tänk om det ändå en gång till i livet kunde hända mig något spännande, något som får mig att känna mig levande igen, har jag tänkt. Och nu har det hänt! Ja, kanske inte precis vad jag drömt om men nog kommer det att vända upp och ner på min lilla värld. Jag kan inte använda min vanliga kontrollmekanism, som jag så framgångsrikt använt för att planera fram i tiden, då jag inte har en aning om hur framtiden ser ut och hur länge detta pågår.

Hur ska jag ska använda alla min tid inom fyra väggar? Jag måste göra upp planer som jag brukar göra men utifrån helt nya förutsättningar. Jag ska skriva mina bloggar, avsluta min bok 3 och läsa alla de böcker som jag aldrig hunnit med. Då mina filosofiföreläsningar är inställda får jag själv ta itu med de filosofer som ingår i kursen. Jacques Derrida är en av dem men han verkar svår. En riktig utmaning att ta itu med honom utan någon vägledning av läraren. Intressant dock att jag redan hittat något i texten som stämmer med dagens situation, nämligen "Tiden är ur led", som verkar vara ett ledmotiv i Derridas bok Marx spöken. Ska bli intressant att se hur han använder begreppet. Nu har jag beställt hans bok Apoteket och hoppas att den kommer snart.

I dag skiner solen och blåsippsknopparna blir fler. Jag hör inte så många fåglar ännu förutom korpen som kraxar sitt grova läte nästan litet olycksbådande. Knopparna blir större och större på träden och löven på den lilla busken som växer bredvid den sten där jag brukar sitta, blir större för varje dag. Det finns hopp i naturen men människans värld kommer att förändras. Till det bättre eller sämre vet ingen.

Hörde i dag på radion en ung kvinna uttala sig om att vi äldre är riskgrupp och måste hålla oss inne, annars tar vi upp plats på sjukhusen för de yngre! Även en läkare har uttalat sig om att man snart måste prioritera inom sjukvården och då gäller främst de människor som har längst kvar att leva. Vi äldre kommer längst bak i kön. Jo, det är nog riktigt om människosläktet ska överleva men det känns som om mitt människovärde förminskas. Jag får väl trösta mig med att jag ändå fått ett långt och ändå ganska bra liv och att många i dag unga också måste få det. Och min önskan om att något skulle hända har ju gått i uppfyllelse!

Min tid är nu

Hur länge ska detta vara? frågar jag om hotet från det nya coronaviruset. Jag får inget svar, viruset har makten. Det kan pågå i månader, säger någon och i värsta fall i ett år. Eftersom jag är en planerande kontrollmänniska, är tidsosäkerheten ett problem. Visserligen är jag inget orakel som alltid har kunnat förutsäga hur min framtid ska se ut, men för det mesta har min tidsanvändning blivit ungefär som jag avsett. Jag tycker mig ändå ha behärskat detta osäkra som tiden är. Visst har jag funderat över detta med vad tid är. Det är ju ingen ordning på tiden, ibland lång som evigheter och ibland kort som ögonblicket. Nu när jag är gammal går tiden så blixtsnabbt fort mot när jag som barn kunde leka i evigheter. Det finns psykologiska svar på detta har jag lärt mig och filosofer ha också under århundraden alltsedan antiken funderat på vad tid är.

Filosofen och kyrkofadern Augustinus skrev om tiden i sina Bekännelser på 400-talet. Han börjar med att fråga sig vara tid är och svarar själv att han tror sig veta men tillägger, att om någon frågar och ber honom förklara då vet han inte. Han försöker i alla fall och påstår att det finns tre tider, det förflutna, det pågående och det kommande men kommer sedan fram till att det inte är riktigt att säga så och fortsätter:"kanske är det riktigare att säga att följande tre tider finns: det förflutnas nu, det pågåendes nu och det kommandes nu. Dessa tre finns nämligen i mitt medvetande – någon annanstans ser jag dem inte." I nuet minns vi det förflutna, i nuet ser vi det som pågår, i nuet är vi nyfikna på det som skall komma, skriver han.

Jag tror mig ha förstått att tiden i sig själv inte finns. Utan oss människor, utan världen och utan händelser finns inte tiden, som uppstod då världen kom till i big bang. Vi har skapat komplicerade verktyg för att mäta och lotsa oss genom livet med hjälp av den tid som inte finns. Min tid består av den utmätta tiden, som är mitt korta liv på jorden och den dagliga klocktiden som styrs av solen. Jag finns i mina minnen, mer och mer när jag blivit äldre, men på samma gång finns jag nu och i morgon.

Nu i coronakaos får tiden en ny dimension. Jag har fortfarande minnet av hur det var i går och jag ser vad som pågår nu men när det gäller framtiden så är den mer diffus än någonsin. Och ingen kan hjälpa mig att förutse något, inte experterna och inte vetenskapen. Jag ser bara ett stort virusmoln som ingen kan styra. Det känns skrämmande men också på något sätt spännande. Vart är världen på väg?

Eftersom jag inte kan göra något åt tiden och eftersom allt som jag brukar använda tiden till nu är inställt, så måste jag ordna nya rutiner. Det enda som återstår av mina vanliga göranden i tiden är min morgonpromenad. Nu kan den blir hur lång som helst och i morse gick jag runt sjön. Det blev drygt 15000 steg och tog nästan 100 minuter. Nollgradigt och sol och alldeles underbart. Jag mötte människor men på behörigt avstånd och mitt intresse låg på annat. Gräsänderna hade party i en vik, ett tjugotal simmade, dök, kraxade och hade kul. I en annan vik låg en gräsandshona och sov med huvudet under vingen och maken snurrade runt henne litet oroligt utan att väcka henne. Jag är litet avundsjuk på gräsänderna som är trogna par hela livet. Koltrasthanarna springer framför mina fötter utan rädsla men har inte börjat sjunga sin vackra vårsång ännu. Två vackra steglitsar svirrar runt i ett träd och visar sina vackra röda huvuden och sina klargula vingband. Skatorna bygger energiskt på sitt gamla bo. Blåsipporna blir allt flera i slänten och några små blyga vitsippsblommor visar sig också. Naturen uppför sig som vanligt denna tid, då vi människor helt ändrar vårt beteende. Alla måste vi nu använda vår tid på nya sätt med nya göranden och låtanden. Vi kan leva på våra minnen men vi kan inte planera vår framtid. Kanske det är tid att leva bara i nuet och göra det bästa av det?

Nya perspektiv?

Jag står i fönstret, tittar som varje kväll mot sydväst på himlen och kollar om Venus blinkar som vanligt, när jag drar ner rullgardinen. Då blir jag lugn, allt är som vanligt utanför jorden, nu när allt på jorden är i kaos. Planeten som är nästan lika stor som jorden, fick sitt namn Venus av romarna men grekerna hade också kallat planeten för kärleksgudinnan på grekiska Afrodite. Den har haft många namn sedan den upptäcktes i Babylonien flera tusen år f v t. Enligt vissa forskare ska den en gång för många miljoner år sedan ha varit beboelig liksom jorden men i dag skulle ingen levande varelse kunna bo där. Det är nästan 500 grader varmt p g a den koldioxid som täcker hela planeten och inget vatten finns. Är det vår jords framtid då koldioxiden fått fäst på riktigt? Stjärnorna är lika avlägsna i dag som när jag var liten och sjöng:

Blinka lilla stjärna där

Hur jag undrar var du är

Fjärran lockar du min syn

lik en diamant i skyn.

I dag använder jag sången när jag tvättar mina händer. Enligt goda råd mäter den tiden som min handtvätt ska ta för att eventuella virus ska försvinna.

Jag finns ännu på det lilla klotet i universum och försöker skapa rutiner i min karantän här hemma. Min morgonpromenad är nu mer än någonsin oumbärlig. Nu börjar våren komma och jag letar tecken. I dag såg jag för första gången i år små gula tussilago vid vägkanten. De blinkar till mig om att hopp finns. Även om det är tryggt att de vanliga tecknen på naturens gång visar sig, så greps jag av en insikt om att jag går i gamla spår varje morgon sedan över 30 år. Jag har tre till fyra olika gångsträckor som jag växlar mellan men nu ville jag plötsligt se något nytt och hur gör man det? Jo, jag hoppade över diket och började gå på det stora fältet mot den lilla skogsdungen som jag bara under alla år sett på avstånd. Det kändes riktigt spännande och när jag kom fram satte jag mig på en sten och tittade mig omkring. Samma gamla trakt men nu från ett nytt håll. Jag tog fram mobilen och fotade det nya perspektivet. Hur kommer det sig att vi så ofta går i samma spår hela tiden? Denna nya verklighet som vi nu befinner oss i, kan hjälpa oss att leta nya spår, se nya perspektiv som vi aldrig sett förut. Jag tittar på bilden i telefonen och där ser jag en helt ny bild av gården långt borta och så min långa skugga mitt i bilden.

Min vanlig oro för allt håller sig borta. Underligt då jag verkligen borde vara orolig nu, när allt vänds upp och ner och jag inget vet om framtiden. Inget av det som jag förr oroade mig för gäller längre. Alla åtaganden, alla möten, alla plikter, allt är borta. Dessutom är jag inte ensam, krisen gäller alla och många har det mycket värre än jag.

Nu ska jag göra dagens program som bland annat innehåller läsning av en mycket snårig filosof, Jacques Derrida, som jag inte begriper mycket av men han ska enligt experterna vara en av vår tids viktigaste filosofer. Nu har jag tid att ta reda på varför. Jag måste ju vara kvar på detta jordklot en tid till inom dessa fyra väggar och kan kanske lära något nytt och få nya perspektiv.

Lyssna

Jag går min morgonpromenad i solen och lyssnar på P1 i mina hörlurar. Någon expert uttalar sig om hur man i dag prioriterar inom sjukvården, då belastningen blir för hög p g a coronaviruset och man inte kan ta hand om alla. Den som har störst chans att överleva prioriteras först när inte respiratorerna och sängarna räcker. Resultatet blir då ofta att den gamle får överlåta sin respirator och säng på intensiven till en yngre person som har större chans att överleva. Det verkar ganska naturligt men min bild av mig själv, vem jag är, blir glasklar. Jag har inte riktigt på allvar tagit till mig min ålder och min användbarhet som människa. Nu inser jag att jag inte har lång tid kvar att leva och att döden kan komma vilken dag som helst och att det inte är något konstigt. På ett sätt känns det befriande. Jag behöver inte oroa mig. Jag har levt ett långt liv och de som nu är unga ska också få den chansen. Jag har inga åtaganden, inga måsten, annat än att lämna plats åt nästa generation.

Som så ofta brukar jag försöka finna hjälp hos filosoferna. När det gäller att prioritera de unga framför de äldre i vårdkrisen, skrev filosofen Torbjörn Tännsjö häromdagen i DN att detta är helt som det ska vara enligt hans filosofi, utilitarismen, som går ut på att det som ger den största nyttan ska gå först. Och då måste man se framåt, en yngre patient kan leva längre och får ut mera av livet än en äldre. Lyckan maximeras på så sätt enligt den utilitaristiska filosofisynen. Han menar också att detta stämmer med den i dag ledande principen i svensk sjukvård, den s k behovsprincipen som innebär att en patient med det största behovet ska ges absolut företräde framför en annan patient med samma chans att överleva. Det största behovet har en tjugoåring, menar Tännsjö och principen leder alltså till att de unga ska räddas.

Nu har jag lyssnat på argumenten och inser att min chans inte är så stor att överleva om jag blir smittad av viruset och att detta är som det ska vara. Jag har med åren blivit bättre på att lyssna innan jag fattar mina beslut, innan jag tar ställning i en fråga. Det är både spännande och intressant att ta sig tid att lyssna, att låta de olika rösterna få ljuda. Jag tänkte på det häromkvällen när jag deltog i ett telefonmöte med min politiska förening. Ett arrangemang som ordnades p g a av flera av oss inte kunde komma till mötet p g a coronan. Några satt samlade i en lokal men många av oss satt hemma med våra telefoner och lyssnade och gjorde vår inlägg. Jag kände igen alla röster och såg personerna framför mig utan bild. Här fanns den mjuka rösten hos mannen som alltid vill väl. Här fanns den klara bestämda rösten hos kvinnan som alltid är väl förberedd och säker på sin sak men som ändå kan lyssna. Det var som om jag lade märke till personligheterna på ett nytt sätt.

Jag läser just nu filosofen Derrida och han har bland annat Platon som underlag för sina mer eller mindre obegripliga filosofiutläggningar. Han utgår i boken Apoteket från dialogen Faidros, där Sokrates nedvärderar skriften till förmån för talet. Skriften har en negativ inverkan på minnet och har en oförmåga att försvara sig själv i en i diskussion samt är otillräckligt som pedagogiskt verktyg, enligt Sokrates. Om en människa lägger fram sin tes i tal så kan den som invänder mot tesen påverka talaren att förändra sin tes. Med dialektik, menar Sokrates kan man plantera och så ny kunskap som kan ge nya ord och detta kan inte uppnås genom att talet skrivs ner och separeras från berättaren. Trots denna kritik fortsatte Platon att skriva ner sina dialoger med Sokrates. Platon lyssnade inte på sig själv!

Hur är det med tal och skrift i dag? Vi kommunicerar mycket med skrift i alla sociala medier och talar mindre med varandra. Förr var vi tvungna att mötas eller tala med varandra i telefonen om vi inte skrev brev. I min barndom hade vi inte telefon ens utan möttes och talade med varandra. Något ligger det i Sokrates kritik mot skriften som blir ett gift, farmakon kallar han det som ingen kan säga emot. Där finns de värsta exemplen i alla hatmedier och i fake news som ofta får stå oemotsagda. Och nu i coronatider frodas konstiga teorier i sociala medier. Är det kanske därför som myndigheterna nu varje dag talar till oss i direktsändningar?

Just nu är det naturen värd att lyssna på och jag tar av mina hörlurar. I dag flera bofinkar som sjöng upp sig och ett skäggdoppingpar som påbörjat sitt parningsspel med ruskande huvuden mot varandra och raspande hesa läten. Jag säger inte emot utan går hem och skriver om det. Naturen lever upp och än så länge lever jag.

Kapitel 15

April 2020

Historien vänder. Mot vad?

En humla surrar i diket bredvid stigen. Myrorna på stacken ilar runt och bär saker som är dubbelt så stora som de själva är. De måste vara otroligt effektiva. Under ett par år har en myrstack blivit tre på några meters avstånd. En är nedlagd och död. Nya drottningar har sett till att skaffa nya boningar att härska över. Löven på busken bredvid min sten har blivit mycket större. Jag plockar min första vitsippsbukett för året. Det är lugnande med naturen som uppför sig som vanligt, nu då inget i människolivet är som vanligt. I och för sig är det ju naturen som skapat människokaoset genom att sprida detta virus från början. Det verkar som om det ingår i klotets årstider att en pandemi med jämna mellanrum ska plåga människorna och ta livet av ett antal. Är det för att vi ska lära oss något? När man ser på spanska sjukan verkar det ju inte så, då ett andra världskrig dök upp bara ett par årtionden därefter.

Det talas och skrivs mycket om hur empatiska och hjälpsamma vi blivit men det är ändå fascinerande hur olika vi reagerar på denna helomvändning av våra samhällen. I dag var jästen slut i affären men toapapper fanns det. Några bakar tydligen mycket medan andra redan försett sig med papper inför framtida värre katastrofer på toaletten. En guvernör i Texas har som recept anfört att de äldre borde offra sina liv så att allt kan bli vid det normala igen för alla andra. Några måste åka skidor till vilket pris som helst och andra klär sig i heltäckande då de går och handlar.

Hur tipsar man en ung man om vilka filosofer som kan ge vägledning i livet? Intressant fråga från en väns barnbarn. De filosofer som väglett mig som nu är 70+ kanske inte är de som kan passa för en 20-åring? Jag får ta mig en titt i bokhyllan. Jag fastnar för det mesta för filosofer som skriver om livet som Spinoza, Kant, Nietzsche, Bergson, Levinas, Camus m fl. Jag har påstått att jag lärt mig något om livet av dem men har jag det? Har jag blivit en bättre och lyckligare människa genom att läsa filosofi? Har jag bara tränat hjärnan? Jag tar fram mina uppsatser och där läser jag att jag lärt mig om livet och om döden från många av dem. Kanske det började med Montaigne, när jag för minst tio år sedan köpte alla de tre tjocka essäböckerna. Jag tar fram dem och de är fyllda med gula lappar och jag slår upp en sida: "Lämna den här världen som du trätt in i den. Samma väg som du gick från döden till livet, utan smärta och fruktan, skall du gå från livet till döden. Din död är den del av världsordningen." En tröst i dessa coronadagar. Montaigne skriver om allt då på slutet av 1500-talet uppe i sitt torn i Bordeaux. Han skriver om glädje, om sorg, om lögner, om rädsla, om sömn om barnuppfostran, om pedanteri osv, osv. och allt känns giltigt i dag. Ett kapitel heter "Att filosofera är att lära sig dö". Är det det jag håller på med?

Min långa promenad i morse redan kvart över sju. Alldeles ensam i solen förutom ett par harar på åkern och bofinken i trädet. Blåsipporna väller ut över slänterna i år, mer än vanligt? För att trösta? Min tröst nu i isoleringen är naturens uppvaknande och alla böcker som jag upptäcker i min bokhylla och som jag inte rört på länge. I DN häromdagen tipsade några kulturmänniskor om verken som ger tröst och flera av dem finns i min bokhylla. Jag tog fram den danska poeten Inger Christensens Alfabet som jag inhandlade år 2000, när den kom på svenska. Tua Forsström rekommenderade henne. Det är nästan svårt att beskriva hur stark den är och hur hon på sjuttio sidor kan röra vid hela min värld, vid allt som finns:

> *duvorna finns; drömmarna, dockorna*
> *dråparna finns; duvorna, duvorna;*
> *dis, dioxin och dagarna; dagarna*
> *finns;dagarna, döden;och dikterna*
> *finns; dikterna, dagarna, döden*

Skriven 1981 men helt som i dag: dikterna, dagarna, döden.

Ny solidaritet

Ordet solidaritet har fått nytt liv från att ha varit försvunnet under lång tid. Jag har själv under åren försökt att få gehör för ordet i några sammanhang. I en politiskt sammansatt grupp, som för några år sedan skulle ta fram en vision för vår kommun, kämpade jag för att få med solidaritet i visionen men det var helt uteslutet för majoriteten. Jag var med och bildade en Solidaritetsförening för ett par år sedan men det har gått trögt att få medlemmar och få gehör för idéerna. I dagens värld gäller individen som ska sköta sig själv och skita i andra. Litet välgörenhet kan man ägna sig åt för att visa att man har råd men annars är det snålt. Jag kan inte säga att jag själv har varit alltför bra på att idka solidaritet heller, har krupit in i min lya och skickat några slantar till behjärtansvärda ändamål då och då.

Något har hänt i coronans namn. Det behövdes en pandemi för att ta fram begreppet i ljuset igen, även om jag inte tror att så många använder ordet. Fler och fler vill hjälpa till för att lindra katastrofen. Själv funderar jag också på vad jag skulle kunna göra men inser att min solidaritet får sträcka sig till att hålla mig hemma och inte gå ut och bli smittad och som riskgrupp belasta sjukvård och bårhus. I min självvalda karantän började jag i stället att fundera på ordet solidaritet. Jag kom på att jag för något år sedan skrivit om ordet. Jag gjorde ett utkast till ett flygblad om solidaritet med flyktingar och med ensamma gamla. Internationell solidaritet för hållbar utveckling fanns också med som en punkt. Flygbladet kom aldrig till användning, kanske ett tidens tecken. Jag kanske inte ens själv var så övertygad.

Solidaritet kommer av latinets solidus, gedigen, fast, enhetlig och började först användas i Frankrike redan på 1500-talet då det användes av lagkloka i samband med lån och låntagare som inte kunde betala och då en borgenär gick in med hela summan. Det kallades solidariskt ansvar och kommer till uttryck i devisen: En för alla, alla för en. Ordet kom sedan in i Napoleons lagbok 1804 och fick så småningom en politisk och ideologisk användning. Vid världsutställningen i Paris år 1900 var solidaritet ett självklart begrepp. Vid öppningsanförandet prisades framsteg, upplysning och vetenskap med tillägget: "Vetenskapen uppenbarar för människorna samhällenas materiella och moraliska hemlighet – den som kan sammanfattas i ett ord: solidaritet. Vid universitetet skulle studenterna lära sig till fullo inse att "känslan av solidaritet är moralens grund". Vetenskap som solidaritet och som moralens grund för unga låter främmande i dag.

Ju mer jag läser om solidaritet desto mera osäker blir jag på vad det egentligen innebär. I Nationalencyklopedins ordbok definieras solidaritet: "känsla av samhörighet med och bredvillighet att stödja och hjälpa andra människor, särskilt sådana som tillhör den egna gruppen". Här är solidaritet en "känsla" av samhörighet. Detta verkar släkt med ordet empati som betyder inlevelse. Men solidaritet kan också vara en intellektuell produkt som tagits fram av utredningar och blivit lagar i samhället. Vanligt är också att partiell solidaritet sker inom en grupp som arbetare, socialister, feminister och så vidare. En innebörd är att den lyckligt lottade bör vara solidarisk med de fattiga och förtryckta. Blir jag klokare? Jag kan översätta de olika tolkningarna till verklighet, som t ex arbetarrörelsen, kvinnorörelsen, olika politiska initiativ och biståndsprojekt men är det så enkelt? Och vilken slags solidaritet är det som nu visar sig, då hela världen är drabbad av krisen? Bygger denna på att vi alla är rädda och ingen skonas när viruset drabbar oss alla lika. Är det då vi kommer på att vi måste hjälpa varandra och inte bara oss själva, vilket gällt länge i denna nyliberalismens tid?

Kan det vara så att grunden till solidariteten ligger i att jag måste se den andre som filosofen Levinas hävdar? Han upplevde den ryska revolutionen, två världskrig och satt flera år i fångläger Nästan hela hans familj dödades i koncentrationsläger. Han hade sett hur det totalitära styret i nazismen och kommunismen förslavat människor och därför var alla tendenser till ovanifrån kommande ingripanden och regelverk förkastliga. För honom måste individen vara fri och ansvarig i ett system genom att inte passa in utan genom att kämpa emot. Här kommer den andre in i bilden och gör mig till den jag är. Det är mötet med den andre som jag uppmanas att handla etiskt. I dagens värld där människan blir alltmer alienerad och där äkta möten blir allt mera sällsynta, kan kanske Levinas etik har något att säga. När jag möter en annan människa ansikte mot ansikte sker något. Jag får ett ansvar för den andra och uppmanas att inte bruka våld. Leder detta till solidaritet trots att vi nu under coronan inte får mötas ansikte mot ansikte så ofta? Det är ju det som är det paradoxala just nu att vi alla vill göra något för grannen och för de gamla, trots att vi inte får mötas ansikte mot ansikte. Vi ser de enskilda människorna, inte kollektivet. Verkligheten kan ses både från individperspektiv och ett samhälleligt perspektiv. Varje människas ansikte finns där bakom skärmen någonstans och jag har ansvar för det! Jag måste handla solidariskt!

I mina bokhyllor hittar jag Sven-Eric Liedmans bok Att se sig själv i andra. Om solidaritet från 1999. Han använder Gunnar Ekelöfs dikt "Att se sig själv i andra" som utgångspunkt för en tolkning av solidaritet:

> *Att se sig själv i andra*
> *sina villkor*
> *sin brist*
> *sina svagheter*
> *sitt mänskliga:*

Att vara social i hjärtat
ni andra som är sociala i huvudet!
Och hjärtat är inte en känsla för ögonblicket
men det som varar
Hjärtat är inte en konjunktur.

Åttio

Jag har nu levt åttio år och åtta dagar som människa
på jorden. Jag föddes under andra världskriget och
blev åttio under coronakrisen. Björkarna skimrar
i milt grönt, blåsippor, vitsippor och gullvivor
blommar överallt. Bofinken och koltrasten sjunger
sina vackra drillar och talgoxen försöker tävla med
sin litet entoniga sång. Naturen visar sig i hela sin
skönhet och en kort stund kan jag glädjas åt att åter
få uppleva en vår men snart faller coronan ner över
mig igen. Är coronan naturens sätt att straffa oss
människor för att vi inte tagit hand om vår vackra
planet?

Jag är del av den mänsklighet som under ett par
hundra tusen år gjort sitt bästa för att förstöra jorden,
framför allt under de senaste hundra åren. Under
min barndom var jag dock inte del av detta. Jag
växte upp på en liten bondgård med några kor, en
gris och höns. Det var i stort sett självhushåll, mjölk,
ägg och fläsk från ladugården. Mjölken skickades
till mejeriet och därifrån kom smör tillbaka. Potatis
sattes varje vår och mamma odlade grönsaker.

Havre, råg och vete tröskades på logen och skickades sedan till kvarnen varifrån mjöl kom tillbaka. Varje höst plockade vi lingon och blåbär, som blev sylt. De gamla äppelträden gav inte så mycket frukt men det stora plommonträdet blev alldeles blått på hösten. Det var krigstid och frukt som apelsiner och bananer fanns inte att köpa. Mamma sydde alla våra kläder och allt trasigt lagades och stoppades. Vi hade ingen bil utan cyklade eller tog bussen om vi skulle in till närmaste centrum. Till skolan gick vi, cyklade, åkte spark eller skidor. Böcker lånades på bokbussen som kom var fjortonde dag.

När jag sedan flyttade hemifrån blev jag mer och mer en del av det konsumerande samhället. Jag har kört bil under en stor del av mitt liv, jag har flugit över hela världen och jag har konsumerat saker som jag inte behövt. För ett par år sedan gjorde jag mig av med bilen, på samma gång som jag överlät mitt sommarhus till sonen. Jag hade planerat att flyga till Helsingfors på min födelsedag men det blev ju inget av och det enda jag köpt på senare tid är mat och böcker.

Hur ska jag kunna skriva om min åttio år på jorden? Jag läser just nu en bok med titeln Åren av den franska författarinnan Annie Ernaux. Hon är född samma år som jag och skildrar i boken sina åttio år. Det är en bok utan kapitel och rubriker, som om hon skulle sitta bredvid mig och berätta. Vi har levt samma år på jorden men ganska olika liv. Men vi lekte samma lekar, kastade boll mot vägg, dansade ringdans, lekte kurragömma och fick löss. Vi hade samma barnsjukdomar, kikhosta, mässling, vattkoppor och påssjuka. Och vi tvingades äta fiskleverolja för att hålla oss friska. Hon liksom jag har gjort en klassresa från arbetarhem till medelklass. Vi lyssnade på grammofonskivor med Armstrong, Bill Haley och Elvis Presley hos kamrater. Studentexamen, universitetsstudier och giftermål med den stora kärleken när barnet låg i magen. Hon läste doktor Spock liksom jag gjorde, för att lära mig hur man skulle ta hand om ett barn. Hon upplevde årsskiftet 2000 med viss besvikelse som jag känner igen. Det blev ingen stor bugg med kaos. Hon glömmer heller inte vad hon gjorde den 11 september 2001 då World Trade centertornen exploderade. Jag låg på ett hotellrum i Sorrento, var förkyld och tittade på CNN. "Historien vänder. Mot vad? Inte hoppfullt," skriver jag i dagboken. "Här började någonting som man inte visste vad det var," skriver Annie Ernaux. Vi båda fick cancer och tappade håret men överlevde. Båda har vi blivit gamla och överväldigas av sakernas tid. "Allteftersom slitaget visade sig på huden, gradvis påverkade kroppen, överöste oss världen med nya saker. Slitaget på oss och världens gång rörde sig i motsatta riktningar." Hon skriver att hon mist sin framtidskänsla och det känner jag igen. Och de rika har blivit rikare och de fattiga fattigare. Den sista meningen i boken lyder: "Rädda någonting från tiden där man aldrig mer kommer att vara." Annie Ernaux skrev sin bok och jag skriver mina anspråkslösa bloggar.

Nu kan meningen "Historien vänder. Mot vad?" användas igen. Mycket förändrades efter 11 september men mycket blev också vid det gamla. Hur kommer coronakrisen att förändra världen? 2001 hade man någon att skylla på, terroristerna men vem ska man skylla på i dag?